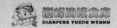

中华传统美德百字经

爱·爱民抚众

于永玉　赵俊锋◎编

一段历史之所以流传千古，是由于它蕴涵着不朽的精神；一段佳话之所以人所共知，是因为它充满了人性的光辉。感悟中华传统美德，获得智慧的启迪和温暖心灵的感动；品味中华美德故事，点燃心灵之光，照亮人生之路。

天津人民出版社

图书在版编目（CIP）数据

爱：爱民抚众/于永玉，赵俊锋编. —天津：天津
人民出版社，2012.6

（巅峰阅读文库. 中华传统美德百字经）

ISBN 978-7-201-07605-8

Ⅰ．①爱…　Ⅱ．①于…②赵…　Ⅲ．①品德教育—中
国—通俗读物　Ⅳ．① D648-49

中国版本图书馆 CIP 数据核字 (2012) 第 133729 号

天津人民出版社出版

出版人：刘晓津

（天津市西康路 35 号　邮政编码：300051）

邮购部电话：（022）23332469

网址：http://www.tjrmcbs.com.cn

电子信箱：tjrmcbs@126.com

永清县晔盛亚胶印有限公司印刷　新华书店经销

2012 年 6 月第 1 版　2012 年 6 月第 1 次印刷

690×960 毫米　16 开本　10 印张　字数：100 千字

定价：19.80 元

前 言

中国是一个具有悠久历史和灿烂文化的文明古国，也是举世闻名的礼仪之4邦。在历史的长河中，中华民族创造出了绚丽多彩的物质文化和精神文化，为人类的发展和进步做出了重要贡献。其中，中华民族的传统美德被大家代代传承。

那么，什么是传统美德？什么是中华民族的传统美德呢？通常来说，传统美德就是在自觉或习俗的道德规范中，一些被大多数人所接受并实际奉行的，而且在现代仍有着积极影响的那些美德。具体到中华民族传统美德，概括起来就是指中华民族优秀的民族品质、优良的民族精神、崇高的民族气节、高尚的民族情感以及良好的民族礼仪等，是中华民族在历史实践过程中积累而成的稳定的社会优秀道德因素，体现在人们生活的方方面面，涉及政治、经济、文化、意识等领域，并通过社会心理结构及其他物化媒介得以代代相传。

经过长期的历史沉淀，中华传统美德已融入到中华民族的思想意识和行为规范中，成为社会道德文化的遗传基因，成为整个中华民族文化的精神内涵，也是中华五千年文明史的精髓所在。继承和弘扬中华民族传统美德，可以振奋民族精神，增强民族自尊心、自信心、自豪感和凝聚力，使社会主义道德规范具有更丰富的内涵，让社会主义、集体主义、爱国主义思想等更加深入人心，成为社会主义文化的主旋律。同时，还可以更好地协调人际关系，促进社会主义市场经济的健康发展，形成有中国特色的、适应社会发展的价值观和伦理道德规范。

国民的思想道德状况，尤其是青少年的思想道德状况，直接关系着一个国家、一个民族的整体素质，关系着国家前途和民族命运。目前，我国已进入改革发展的新时期新阶段，德育教育的价值和意义更是日渐凸显。大力弘扬中华传统美德，建设社会主义核心价值体系，促进社会主义文化的发展和繁荣，是建设全面小康社会的主要任务，更是实现中华民族伟大复兴的必然要求。因此，党中央非常注重我国公民道德建设，全社会也已形成了加强和改进思想道德建设的新风尚。

青少年是国家的希望，是民族不断发展和延续的根本，因此，青少年德育教育就显得更加重要。为了增强和提升国民素质，尤其是青少年的道德素质，我们特意精心编写了本套丛书——《中华传统美德百字经》。

本套丛书立足当前公民，尤其是青少年思想道德教育的现实，将中华民族的传统美德归纳为一百个字，即学、问、孝、悌、师、教、言、行、中、庸、仁、义、敦、和、谨、慎、勤、俭、恤、济、贞、节、谦、让、宽、容、刚、毅、睦、贤、善、良、通、达、知、理、清、廉、朴、实、志、道、真、立、忠、诚、公、正、友、爱、同、礼、温、信、尊、敬、恭、恕、责、仪、精、专、博、富、明、智、勇、力、安、全、平、顺、敏、思、积、利、健、率、坚、情、养、群、严、慈、创、新、变、革、争、谏、诲、齐、省、克、竞、求、简、洁、强、律。丛书内容丰富、涵盖性强，力图将中华民族传统美德的内涵囊括进去。丛书通过故事、诗文和格言等形式，全面地展示了人类永不磨灭的美德：诚实、孝敬、负责、自律、敬业、勇敢……

爱·爱民抚众

这些故事在中华民族几千年的历史长河中，一直被人们用来警醒世人、提升自己，用做道德上对与错的标准；同时通过结合现代社会发展，又使其展现了中华民族在新时代的新精神、新风貌，从而较全面地展示了中华民族的美德。

在本套丛书中，为了帮助读者更好地理解这些源远流长的传统美德，我们还在每一篇故事后面给出了"故事感悟"，旨在令故事更加结合现代社会，结合我们自身的道德发展，以帮助读者获得更加全面的道德认知，并因此引发读者进一步的思考。同时，为丰富读者的知识面，我们还在故事后面设置了"史海撷英"、"文苑拾萃"等板块，让读者在深受美德教育、提升道德品质的同时，汲取更多的历史文化知识。

前 言

这是一套可以打动人心灵的丛书，也是可以丰富我们思想内涵的丛书……《中华传统美德百字经》向我们展示的是一种圣洁的、高尚的生活哲学。无论在任何社会、任何时代，给予人类基本力量的美德从来不曾变化。著名的美国政治家乔治·德里说："使美国强大的不是强权与实力，而是上帝赐予的美德。假如我们丢失了最根本且有用的美德，导弹和美元也不能使我们摆脱被毁灭的命运。"在今天，我们可能比任何时候都更应关心道德问题，尤其是青少年的道德问题，因为今天我们正逐渐面临从未有过的道德危机和挑战。

人生的美德与智慧就像散落的沙子，我们哪怕每天只收集一粒，终有一天能积沙成塔，收获一个光辉灿烂的明天。《中华传统美德百字经》中的美德故事将直指我们的内心，指向人性中善良的一面，唤起我们内心深处的道德感。因此，中华民

族的传统美德也一定会在我们的倡导和发扬之下，世世传承，代代延续！

　　全套丛书分类编排，内容详尽、文字优美、风格独具，是公民，尤其是青少年思想道德建设的优秀读物。愿这些恒久流传的美文和故事能抚平我们每个人驿动的心，愿这些优秀的美德种子能在青少年身上扎根、发芽、生长……

爱·爱民抚众

爱，"行皃也"。《说文·攵部》："行皃，从攵。"

爱，"惠也"。《左传·昭公》："故之遗爱也。"

"所爱其母者，非爱其形也，爱使其形者也。"（《庄子·德充符》）引申为友爱。

《尚书》中说："民惟邦本，本固君宁。"孟子说道："民为贵，社稷次之，君为轻。"正因为充分认识到了民众对于国家的重要意义，所以这些进步的仁人志士们都大力提倡爱民抚众，并身体力行，尽自己的最大努力维护了人民大众的利益。

儒家思想是关于"仁"的思想，孔子最早以"爱人"解释"仁"。《论语·颜渊》中提道："樊迟问仁，子曰：'爱人。'"是说对他人的同情、关心和爱护便是"仁"。

孟子继承和发展了孔子的仁爱思想，提出"亲亲而仁民，仁民而爱物"。

墨家主张兼爱，兼爱的要求是"视人之国若视其国，视人之家若视其家，视人之身若视其身"，以爱己之心爱人。兼爱的理想境界是"天下之人皆相爱，强不执弱，众不劫寡，富不侮贫，贵不傲贱，诈不欺愚"。

后代的儒家学者在理论上对仁爱思想有了进一步的升华。韩愈在《原道》中提出"博爱之谓仁"；张载在《西铭》中提出"民，吾同胞；物，吾与也"的著名命题；朱熹认为仁是"爱之理，心之德"；后代的思想家康有为、谭嗣同、孙中山等对于仁爱思想都有所发挥，所提的观点也更有进步意义。

在中华民族漫长的历史进程中，涌现出很多仁爱之士。他们关心民众疾苦，以力所能及的方式不辞劳苦地为人民群众解决困难。有的时候，他们为维护百姓的利益毫不顾及自己的安危。这样的人，无论是为官还是为民，都得到了人们的爱戴和赞扬。

随着时代的进一步发展，代表着劳苦大众利益的中国共产党诞生了。中国共产党在领导中国革命和建设的过程中，始终将"为人民服务"作为自己的唯一宗旨。在中国革命的艰苦征途中，无数党的好战士、人民的好儿女心为人民所系，利为人民所谋，为了人民大众的幸福奉献了自己的一切。

新中国成立以来，社会主义道德和共产主义道德成为社会道德的主流。在社会各界，在各个工作岗位上，无数社会主义劳动者将服务人民作为人生的最高追求，涌现出了一大批像焦裕禄、雷锋、王杰、时传祥、孔繁森一样的时代楷模。

进入新的历史时期后，党中央又提出了"八荣八耻"这一新的社会主义道德规范。其中的"以服务人民为荣，以背离人民为耻"和"以团结互助为荣，以损人利己为耻"仍然强调了要服务人民、关爱他人的重要性。

其实，真诚地关爱别人就是关爱自己。正所谓"人人为我，我为人人"。当整个社会充满爱心与博爱的时候，每个人的生活都会更加美好。别人对自己的关爱要牢记在心底，还要真诚地回馈于他人，回馈于所有的人。

关爱不仅仅是怜悯，也不仅仅是同情，更是一种高尚的人性美。尽自己的一份薄力，让他人得到温暖，让自己更快乐，让社会更和谐，这才是关爱的本质。

目录

第三篇　爱的回馈与传递

ZHONGHUACHUANTONGMEIDEBAIZIJING

中华传统美德百字经

爱·爱民抚众

第一篇

一腔爱意待他人

袁安卧雪

◎君子成人之美，不成人之恶。——孔子

袁安（？—92年），字邵公。东汉大臣，汝南汝阳(今河南商水西南)人。少承家学。举孝廉，任阴平长、任城令，驭属下极严，吏人畏而爱之。明帝时，任楚郡太守、河南尹，政号严明，断狱公平，在职十年，京师肃然，名重朝廷。后历任太仆、司空、司徒。袁安不畏权贵，守正不移，多次直言上书，节行素高，名重当时。

　　袁安是东汉人，为官以清廉著称。当他还是一介平民时，家住在洛阳城内。有一年冬天特别冷，下了一场大雪。大雪从半夜时分就飘飘落下，不久就给整个洛阳城披上了一层厚厚的银装。

　　到天明的时候，雪才稍稍小了些。天刚蒙蒙亮，就有人出来挥舞着扫帚扫起雪来。袁安这天也早早地起了床，拿起扫帚就要去扫雪。当他打开大门时，却发现有一群人在他家门口避寒。大雪堵路，行人和那些无家可归的人都不敢往前走。看着这些可怜的人又冷又饿，袁安心中不免为他们伤心。自己虽然也没有钱，日子过得也很艰难，但是下雪天还有一间破房子可以避寒，还能喝上一碗热汤驱寒。袁安轻轻地把大门关上，他不忍心因为扫雪而赶走这些苦命的人，心想：就让他们在这里避避吧，我没有火给他们烤，也没有东西给他们吃，唯一可以做的就是让他们在我家门口避避寒。

　　于是他放下扫帚，又回到屋里，屋里其实也不暖和，木炭已经燃尽，他只好又钻到被窝里取暖。他搓着手，蜷着身子，忍受着饥饿，不一会儿就睡着了。

天已经大亮，雪也停了。各家各户都出门扫雪了，袁安看家门口的人没有离去，依旧躺在炕上。

洛阳的地方官这天也早早地来到衙门，准备亲自下去视察，监督各家各户扫雪。地方官走在街上，发现家家户户都出来扫雪了，很是高兴。当走到袁安家门口时，发现厚厚的雪还堆在地上，丝毫没有扫过的痕迹，那些避寒的人依旧聚集在袁安家门口。

地方官来到袁安家门口时，避寒的人们都被吓跑了。地方官心想这么冷的天，是不是这家的主人没有炭火，给冻死了。于是忙命人将他门前的雪扫开，走进屋子，看见袁安瞪着双眼，目视屋顶，直直地躺在炕上。地方官很是生气，问道："你怎么不出去扫雪？"

袁安慢条斯理地起身说："大人，您也看到了，刚刚我家门前那么多避寒的人。别人家一扫雪他们就被赶走了，于是都跑到我家门口。这么冷的天，他们又冷又饿，我不忍心打扰他们，把他们赶走啊。"

地方官听后很是感动，觉得袁安这样富有仁爱之心，如果能为朝廷效力，一定会是个为民造福的好官。于是地方官不但没有责备他，还举荐他当了孝廉。日后袁安还担任了司徒、司空等官职。

◎故事感悟

　　袁安无法更好地帮助那些受苦的穷人，他能做的就是不惊扰他们，让他们在自己家的大门外躲避风雪寒冷，即使受到官府的责难也不改变。正因为他素来有这种推己及人的爱人之心，所以在日后的为官生涯中才能心系百姓，为民请命。

◎史海撷英

袁安平冤狱

　　东汉明帝永平十三年（70年），经三府共同推荐，朝廷认为袁安能治理情况复杂的郡县，袁安便被任命为楚郡太守。当时，受楚王刘英谋反案牵连的人有好几

千，明帝甚怒，奉命办理此案的官吏很急迫，许多人被屈打成招，死了很多人。袁安到郡后，不到官府，先往监狱暗察，清理出许多无明显罪证的人，写出名单要释放他们。府丞、掾吏得知都急得跪下来与袁安争辩，认为这种做法有阿附叛贼的嫌疑，依法应与他们同罪，不能这样做。袁安说："这样处理如果不合理，身为太守，我会自己承担责任。"于是一一分别上奏，皇上感到袁安所说有理，便同意袁安的做法，因此获得释放的有四百多家。

◎文苑拾萃

咏贫士

（东晋）陶渊明

袁安困积雪，邈然不可干；

阮公见钱入，即日弃其官。

刍藁有常温，采莒足朝餐；

岂不实辛苦，所惧非饥寒。

贫富常交战，道胜无戚颜；

至德冠邦闾，清节映西关。

段秀实爱民愧悍将

◎仁者爱人，有礼者敬人。——孟子

　　段秀实（718—783年），字成公，陕西千阳人，唐代名将。幼读经史，稍长习武，言辞谦恭，朴实稳重。先后任安西府别将、陇州大堆府果毅、绥德府折冲都尉等职。安史之乱时，授泾州刺史，封爵张掖郡王。766年后，任泾州刺史兼御史大夫，四镇北庭行军泾原郑颖节度使，总揽西北军政四年吐蕃不敢犯境，百姓安居乐业。780年，加封检效礼部尚书，不久因杨炎进谗贬司农卿，调回长安。783年，泾原兵变，叛军在长安拥太尉朱泚为大秦皇帝，他当庭勃然而起，以笏板击朱泚，旋被杀。朝野赞叹："自古殁身以卫社稷者，无有如秀实之贤"。

　　唐代有一位著名的贤士叫段秀实。有一年，他在泾州担任营田官。泾州大将焦令谌夺取民田，占为己有，多达几十顷，租给农夫耕种，规定谷子成熟时一半归他。这一年大旱，田野里草都不长。一位农夫将旱情告诉焦令谌，焦令谌却说："我只知道收谷子的数目罢了，不知道有没有旱灾。"催逼得反而更厉害。这位农夫都将要饿死了，无法偿还，就告到段秀实那里。

　　段秀实写了判决书，语言很是谦和、派人劝告焦令谌，替农夫求情。焦令谌大怒，将农夫叫了去说："我难道怕段某吗？他怎么竟敢议论我？"残暴的焦令谌把判决书铺在农夫背上，用大杖打了他20杖，农夫几乎快要被打死了。差役将他抬至段秀实衙门的庭院，段秀实大哭，说："是我害苦了你呀！"随即亲自取水洗去农夫身上的污血，亲手敷上良药，并撕破自己的衣裳，给农夫包扎伤口，早晚先给农夫喂食物，然后自己才吃。后来他又将自己的坐

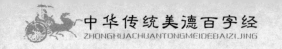
骑卖掉，买谷子代农夫偿还地租，并且不让那农夫知道。

　　驻扎在径州的淮西军统帅尹少荣是个刚强正直之士。他知道这件事后，来到焦令谌的住处，见到焦令谌就大骂说："你还算得上是人吗？泾州田野如同赤土，人都快饿死了，而你却一定要得到租谷，又用大杖打无罪的人。段公是仁慈而有信义道德的人，而你却不知道敬重。段公仅有一匹马，低价卖了买谷子送进你家，你又不知羞耻地收下了。总之你就是不顾天灾、冒犯长者、打无罪者，还取仁义之人的谷子，使段先生进出无马骑，你将如何面对天地？你简直连奴仆都不如！"焦令谌虽然凶暴傲慢，然而听了尹少荣的话后却也深感惭愧，汗流浃背，吃不下东西，说："我终究不能再见段公了！"一天傍晚，他竟然羞愧而死。

◎故事感悟

　　焦令谌凶狠残暴，为收田租丝毫不顾及百姓的死活。段秀实官职低，只能和气地劝阻他。农夫被杖责后，段秀实为农夫敷药治伤，亲自喂食，并卖马代他交租，显示了一位忠厚仁者的爱人之德。

◎史海撷英

段秀实节显治事堂

　　唐德宗建中元年（780年）二月，段秀实自泾原节度使被召为司农卿。临行前他告诫家属说："经过岐州时，府尹朱泚可能赠送财物，切不要接受。"待到过岐州之时，朱泚坚决要赠送大绫三百匹。段秀实的女婿韦晤拒绝，朱泚坚决不依，韦晤只得收下。到了京都，段秀实知道后大发脾气说："你们果真没有听我的话！"韦晤谢罪说："居于卑下的地位，没有办法拒绝。"段秀实说："但是终究不能将这些东西放在我们家里。"就把这三百匹大绫送到司农卿官府治事大堂，安放在梁木上面。朱泚谋反以后，太尉被杀，官吏将大绫"栖木梁上"之事告诉了朱泚，朱泚叫人将大绫取下来一看，只见原来封条上的标志都还保存着。

◎文苑拾萃

贤者之孝二百四十首·段秀实

（宋）林同

意其失兵久，怏怏必吾从。
夺笏直前击，那知是孝童。

释义：这首诗写唐安史之乱后，朱泚兵变后占据长安并称帝，而当时段秀实已无兵权，手中无兵，被朱泚裹胁，朱泚希望段秀实归顺自己，以为段秀实必定无可奈何地顺从。不料，在朝廷上，段秀实竟夺过别人手中的笏板，扑上前去直击朱泚，朱泚只好杀了他。

本诗就是对段秀实忠于唐王朝、英勇不屈的行为和品质的颂扬。

范纯仁赠麦助人

◎勿以恶小而为之，勿以善小而不为。惟贤惟德，能
服于人。——刘备

范纯仁（1027—1101年），字尧夫，北宋大臣。吴县(今江苏苏州)人，范仲淹次子。以父恩补太常寺太祝。皇祐元年（1049年）进士及第，以事亲不赴官，后为范仲淹执服毕始出仕。范纯仁为人正派，政治见解与司马光同属保守派。

平易忠恕，学问博洽，为文无长语。所上奏疏论事切直，而又婉转畅达，无过激之辞。诗文语意清新，富于韵味。著有文集20卷、《台谏论事》五卷、《边防奏议》20卷。

范纯仁是北宋著名文学家、政治家范仲淹的儿子，他受父亲影响，性情敦厚善良、正直无私。有一次，范仲淹让他把五担麦子从水路运回家乡，范纯仁于是带着人从运河出发了。

一天傍晚，范纯仁一行靠岸休息。岸上传来一阵喧闹声，范纯仁走上岸去，只见一个衣衫褴褛的中年人正在卖字画，旁边还站着许多围观的人。

中年人脸色憔悴，语调凄切："在下石曼卿，父母双亡却无钱安葬，无奈在此卖字。请各位过往好人开恩，买些字画，好让在下父母早些入土为安，了却我为人子的心愿。"

范纯仁内心感到一阵痛楚，他走上前，问道："先生的遭遇令人叹息，可是这卖字画所得的钱微乎其微，先生何时才能筹足安葬费呢？"

石曼卿仰天长叹一声，忍不住潸然泪下。

范纯仁见了，心中更加不忍。忽然，他上前几步，举起双手，把挂在墙壁上的字画全部摘了下来，然后大声说："先生，这些字画我全要了。"

石曼卿大喜过望，可是神情马上又黯淡了下来，低声说道："我的笔墨造诣平平，相公不该一下子买我这么多字画。"

范纯仁说："你我都是读书人，买不买字画都是小事，你就当交了我这个朋友吧。"说完，便拉着石曼卿走向小船。范纯仁指着五担麦子说："石先生，你我虽然是萍水相逢，但君子当急人所急。今日先生有急难之事，我理当相助。这五担麦子是家父让我送回老家的，请先生收下，拿回家去卖掉，再安葬老人吧！"

石曼卿一时语塞，只是一个劲地摇手："万万不可，万万不可！"

"先生不必客气，这些麦子就当是我借给先生的，他日先生方便时再还我就是了。"范纯仁说着，吩咐仆人赶快去抬麦子，石曼卿感激得泪如雨下。

回家后，范纯仁将此事一五一十地禀报父亲。范仲淹非但没有责怪他，反倒高兴地夸奖道："孩子，你做得对！君子就应当急人所急！"

◎故事感悟

范纯仁为人有其父风格，宽厚仁爱。石曼卿以卖字画救急，范纯仁知道后并没有直接施舍与他，而是要全部买下他的字画，充分保护了对方的自尊心。这个故事启发我们，帮助别人不仅要有一颗仁爱之心，还要讲究技巧。

◎史海撷英

范纯仁杖责宫廷卫士

范纯仁刚开始做官时，出任襄城县知县。县里有一处牧场，一个宫廷卫士在那里牧马，践踏了百姓的庄稼，范纯仁抓捕了一个卫士处以杖刑。这处牧场本来不隶属于县里，管理牧场的官员发怒说："这是皇上的宫廷值宿护卫，你一个县令怎敢如此？"于是，牧场的官员就把这件事向皇上禀报，要立即予以审理治罪。范纯仁说："供养军队的钱物是由田税所出，如果听任他们糟蹋百姓的农田而不许追究，那么税钱从哪里来呢？"皇上下诏释放了他，并且允许把牧场交由县里管理。

◎文苑拾萃

鹧鸪天

（宋）范纯仁

腊后春前暖律催，日和风软欲开梅。

公方结客寻佳景，我亦忘形趁酒杯。

添歌管，续尊罍。更阑烛短未能回。

清欢莫待相期约，乘兴来时便可来。

苏轼助人偿债

◎君子见人之困则矜之。——韩婴

> 苏轼（1037—1101年），字子瞻，号"东坡居士"，世人称其为"苏东坡"。眉州（今四川眉山）人，祖籍栾城。北宋著名文学家、书画家、词人、诗人，唐宋八大家之一，豪放派词人代表。其诗、词、赋、散文，均成就极高，且善书法和绘画，是中国文学艺术史上罕见的全才。其散文与欧阳修并称欧苏，诗与黄庭坚并称苏黄，词与辛弃疾并称苏辛，书法名列"苏、黄、米、蔡"四大书法家之首，其画则开创了湖州画派。

苏轼是一个忧人之所忧、同情关心他人的人。他不仅关心国家大事，而且对身边的人也很关怀，别人有了困难总是倾力相助。

苏轼在杭州任职时，有人告发了一位欠绫绢钱两万而不还的人。他仔细查看状纸，推敲实际情形，觉得被告不像是个阴险狡诈、故意欠钱不还的无赖，于是马上差人叫这人来问话，看究竟是怎么回事。这人到了堂上，行过礼后便低头默默不语，既不向苏轼哭诉，也不大喊冤枉，只是满脸愁苦的样子，偶尔叹一口气。

苏轼见他衣着破旧，行为规矩，倒像是个穷苦老实人，于是问道："有人告你欠钱不还，你可知罪？"这人叩头表示认罪。苏轼见他毫不申辩，于是又问："我看你并不像无赖之人，你不还钱，是不是有什么隐情？"这个人抬头看了苏轼一眼，见苏轼与那些得过且过、办案草草了事的官员不同，就恭恭敬敬地回答道："我家世代以制扇为业，而今父亲刚刚去世，妻子又在这时候生了孩子；加之从今春以来，阴雨连绵，天气寒冷，做好的扇子卖不出去，大量积压，实在是无钱还债，不是我故意拖欠不还。"苏轼明白了事情的原委，觉得这人如果仅因为无力偿债而坐牢，实在有些冤枉，并且会给他本来就已经十分窘困的家里雪上加霜。他不由得对他动了恻隐之心，想出了一个主意，就对这卖扇人说："把你所做的扇子拿来，我为你卖出去。"这人惊讶地说："这怎么行呢？您可是大老爷啊！"苏轼笑笑，挥一挥袖子说道："你去就是了。"这人连忙叩头谢恩，然后带着两个差人往家里走去。

不一会儿扇子拿来了。苏轼取出夹绢做的白团扇20把，提起书案上批文用的判笔，在扇面上作起书画来。不出一顿饭的工夫，原本洁白的扇面上就出现了行云流水的书法和栩栩如生的图画。苏轼把它们交给卖扇人说："拿出去卖掉，赶快偿还所欠的债。"这个人抱着扇子感激涕零地出去了。刚刚走出官府大门，好多人就争着以高价买团扇，这人手中的扇子一下子就卖完了。他不仅还清了所欠的债，还得到一些盈余。

杭州城的人听到这件事都感叹不已，赞颂苏轼的爱民之心。

◎故事感悟

苏轼不仅是一位才华横溢的艺术家，更是一位亲民爱民的好官吏。遇到这件诉讼案件时，他没有胡乱判案，更没有滥用权威强迫被告还债。得知原委后，靠自己的书画很快地解决了这一难题，高深的艺术造诣与炽热的爱民之心相得益彰，令人敬仰不已。

◎史海撷英

苏轼知密州

北宋熙宁七年（1074年），苏轼以太常博士直史馆权知密州军州事（州治在今诸城市）。当时，密州旱蝗相继，灾情极为严重。他忧心如焚，立即巡视各县，深入田间农舍，仔细了解灾情，组织吏民抗灾。"遗蝗入地应千尺，宿麦连云有几家"，就是他寻访田夫野老后写成的诗句。为激励百姓捕蝗抗灾，他用补贴粮米的办法，动员灾民踊跃捕蝗灭灾，效果十分明显。苏轼号召百姓协力灭蝗的同时，率先垂范，多次与当时的密州通判赵成伯亲自参加捕蝗抗灾。苏轼在密州为官不过两载，却为解除黎民百姓之疾苦而竭尽其力，深受当地人民的爱戴。

◎文苑拾萃

江城子·密州出猎

（北宋）苏轼

老夫聊发少年狂，

左牵黄，

右擎苍。

锦帽貂裘，

千骑卷平冈。

为报倾城随太守，

亲射虎，

看孙郎。

酒酣胸胆尚开张，

鬓微霜，

又何妨！

持节云中，

何日遣冯唐？

会挽雕弓如满月，

西北望，

射天狼。

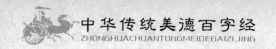

周济仁爱放"罪人"

◎仁者，不忍也，施生爱人也。——《白虎通义》

> 周济（1781—1839年），明朝官吏，字大亨，洛阳人。永乐年间以举人身份入太学，后历任都察院官职。正统初年提升为御史。正统十一年，周济出任安庆知府。周济勤政爱民，在官任上去世，老百姓关门闭户停业为他恸哭。

明朝时期，在安庆地区发生过这样一个故事。

一天清晨，太阳刚刚从东方升起，温暖的阳光照耀着从沉睡中苏醒的大地。安庆知府周济起床洗漱完毕后，正坐在书房里看书。

突然，知府门前一阵吵闹，并夹杂着叫骂声和哭喊声。周济纳闷了：知府门前一向清静，谁这么大胆跑到这里来无理吵闹呢？他走出书房，来到门前想知道究竟发生了什么事情。

只见一群骨瘦如柴的农民被捆绑着跪在知府门前，都低着头，眼里流出泪水。一群如狼似虎的家丁在一个富人的指挥下，挥舞着鞭子抽打着这些跪在地上的农民。一边抽打，一边不停地骂着。农民经受不住皮鞭的抽打，大声哀叫。

"快住手！为什么打人？"周济看到这幅情景，大声喝道。

富人连忙说："请知府大人做主，这群刁民是一群强盗，他们昨天夜里跑到我的粮仓偷抢粮食，被我的家丁们抓住了。所以，今天送到您这里，请知府大人重重地治他们的罪。这些刁民太猖狂了！"

周济听了富人的话，转身问那些农民："是这样吗？"

农民们说："求大人恕罪，我们是抢他的粮食了，可是我们实在是没有办法啊！我们不能眼睁睁地看着一家人饿死呀……"

农民们说不下去了，呜呜地哭了起来。

周济明白了事情的原因，心里开始深深责备起自己来：农民都饿得快不行了，我身为他们的父母官，早应该安抚啊！

于是他对那个富人说："看在我的面子上，把这些人放了吧，他们也是迫不得已啊！这样吧，你回去清点一下粮仓，算一算少了多少粮食，我叫随从用官府粮仓里的粮食补给你，怎么样？"

那个富人一看知府大人要赔偿自己的粮食，也乐意送个人情，便爽快地答应了放人。

周济对那些农民说："这都是我的责任，没有及时了解你们的生活情况。以后你们如果有什么事可以先向我说明，不能任意抢别人的东西。今天大家先回家吧，我派人开官府的粮仓，你们没有吃的，可以到那里领取。"

农民们看到知府大人放了他们，又接济他们粮食，知道自己遇上了爱民的好官，大声欢呼，齐声感谢周济的大恩大德。他们高高兴兴地从官府粮仓中领取了粮食回家了。

还有一年，安庆地区遭受天灾，百姓们没有收获多少粮食，出现了饥荒。他们纷纷出外逃荒，有的地方的人甚至把孩子都卖了，换一些少得可怜的粮食充饥。

周济非常焦急，他想：自己身为知府，看着百姓们挨饿逃荒，卖儿卖女，这怎么能行呢？得赶快想办法救济百姓。可是粮仓里没有粮食了，怎么办呢？

这时，恰巧有贩运粮食的船只从这里经过，周济于是用官府的钱把粮食买下来，马上赈济百姓，使百姓们的生活迅速安定下来。

周济又上书皇上，请求免去安庆地区百姓们的租税，又贷给农民粮食种子、农具等，使农业生产迅速恢复了起来。

◎故事感悟

作为封建社会的一名官吏，周济能时时刻刻想到百姓的生活，想方设法解决

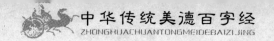

他们的生活困难，实在难得。在周济身上体现了以民为本的思想，有仁爱之心，才会有为民请命之举。周济时刻为百姓着想，所以得到了人民的爱戴。

◎史海撷英

周济巧查案

明朝正统年间，大同镇守中官以骄傲蛮横闻名，皇帝下令让周济去考察他是否廉洁。周济改换装束，背着柴草进入他家中，收集到他所有违法的情况，回朝报告皇帝，皇帝大大嘉奖了他。

◎文苑拾萃

观刈麦

（唐）白居易

田家少闲月，五月人倍忙。

夜来南风起，小麦覆陇黄。

妇姑荷箪食，童稚携壶浆。

相随饷田去，丁壮在南冈。

足蒸暑土气，背灼炎天光。

力尽不知热，但惜夏日长。

复有贫妇人，抱子在背傍。

右手秉遗穗，左臂悬敝筐。

听其相顾言，闻者为悲伤。

田家输税尽，拾此充饥肠。

今我何功德，曾不事农桑。

吏禄三百石，岁晏有余粮。

念此私自愧，尽日不能忘。

叶圣陶扶持青年王力

◎博爱之谓仁。——韩愈

> 叶圣陶（1894—1988年），原名叶绍钧，字秉臣。江苏苏州人，著名作家、教育家、编辑家、文学出版家和社会活动家。1921年，与沈雁冰、郑振铎等发起组织"文学研究会"，提倡"为人生"的文学观，并与朱自清等人创办了中国新文坛上第一个诗刊《诗》。他发表了许多反映人民痛苦生活和悲惨命运的作品，出版了童话集《古代英雄的石像》《稻草人》以及小说集《隔膜》《火灾》等。1923年，叶圣陶进入商务印书馆，开始从事编辑出版工作，并主编《小说月报》等杂志。

叶圣陶先生不计回报帮助青年王力渡过难关的事迹是中国文化界的一段佳话。

20世纪20年代，王力在法国留学。当时他还是个没有丝毫名气的青年学生，而且穷得交不起学费，常常连饭钱也没有，只能靠打零工赚的一点点钱买一些廉价的面包度日。有时候长期没有找到打工的机会，就连房租也交不出，屡屡流落街头忍冻挨饿。一位在巴黎的中国教授很同情他，发现他法语学得好，就建议他翻译一些法国文学作品寄回国内，换点稿酬，好解决些生活困难。

王力抱着试试看的心情，将译稿寄到国内的一些小出版社，不料连连碰壁，连退稿信都收不到。后来他干脆把译稿统统寄到当时最有名、影响最大的商务印书馆。没想到这次居然一投即中，稿子都被选用了，而且稿费也很快寄给了他。自此以后，王力开始一边努力学习，一边坚持不懈地翻译法国

的文学作品，不断把译作寄出，也不断收到商务印书馆汇来的稿酬。

有一次，王力因为长期缺乏营养，生了重病，实在没有精神再去翻译了。不仅如此，他手头的钱也花得所剩无几，拿不出钱去医院看病，周围也没有熟识的朋友可以接济和照顾他。在万般无奈的情况下，王力不得已给商务印书馆写了一封信，说明了自己的情况，并提出预支稿酬的请求。一般说来，如果不是享有盛名的作家，出版社是不会满足这个请求的，但王力却很快收到了预支的稿费，而且比他料想的还要丰厚得多。过了不久，王力的病好了，他很快又翻译了一大批稿件，寄给了商务印书馆。靠着这些稿费，王力才不至于流落街头，三餐不继，面临辍学的危险。受到如此厚爱，连王力自己也觉得很不理解。谁在暗中帮助王力呢？原来是文学家叶圣陶。

当时，叶圣陶是商务印书馆的编辑，尽管他与王力素不相识，但十分赏识王力的译作。由于他的赤诚相待，王力在异国渡过了难关，并于1932年获得法国文学博士学位，同年回国到清华大学执教。他经常对人说："我在巴黎上大学的学费，都是叶老给的。"

王力与叶圣陶虽然神交已久，可直至新中国成立后的1950年才第一次见面。王力晚年根据叶圣陶的建议，将音韵学通俗化，写成《音韵学初探》一书。在这本书的扉页上，王力深情地写道："献给叶圣陶先生。"

◎故事感悟

雪中送炭，助人于危难之中，是我们中华民族自古以来就十分崇尚的美德。有时候，看似不起眼的帮助，甚至举手之劳，往往会对别人产生巨大的作用，甚至影响别人的一生。

◎史海撷英

文学研究会的成立

五四运动以后，新知识分子渴望通过文艺来表达自己的政治和人生理想，文学革命的发展也要求在创作实绩上有新的突破，新的文学社团于是应运而生。文学研究会于1921年1月4日在北京正式成立，发起人有郑振铎、沈雁冰（茅盾）、叶绍钧（叶圣陶）、许地山等。文学研究会不但是成立最早的文学社团，也是新文学运动中最为重要的一个文学社团。文学研究会的发起者与参加者后来有许多成为对中国新文学运动有卓越贡献的人物。它"以研究介绍世界文学、整理中国旧文学、创造新文学为宗旨"（《文学研究会简章》），文学主张和创作实践均倾向于现实主义，提出了"为人生"的文学宗旨。

◎文苑拾萃

瀑 布

叶圣陶

还没看见瀑布，
先听见瀑布的声音，
好像叠叠的浪涌上岸滩，
又像阵阵的风吹过松林。

山路忽然一转，
啊！望见了瀑布的全身！
这般景象没法比喻，
千丈青山衬着一道白银。

站在瀑布脚下仰望，
好伟大呀，一座珍珠的屏！
时时来一阵风，
把它吹得如烟，如雾，如尘。

魏骥关爱他人

◎仁者谓其中心欣然爱人也。——韩非

魏骥（1373—1471年），字仲房，号南斋，明浙江萧山城厢镇人。永乐三年（1405年）中举，次年，进京会试，以进士副榜授官松江府儒学训导。任内，学生有成就者众多。不久魏骥奉调应召参与《永乐大典》的纂修工程，书成还任，荐任太常博士。宣德元年（1426年）由吏部尚书师逵荐为吏部考功员外郎，转任南京太常寺少卿。正统三年（1438年）诏试行在吏部授左侍郎，次年实授。曾多次奉命巡视畿甸蝗灾，询问民间疾苦。八年改任礼部左侍郎，魏以年老力衰请求致仕，遂改任南京吏部侍郎。"土木之变"时，为对瓦剌用兵献计献策，屡被朝廷采纳施行。

　　明朝景泰元年（1450年），南京吏部尚书魏骥已经77岁了，虽然身体还十分强健，但他知道自己年岁大了，办事不及年轻人精力那样充沛，便主动提出告老还乡。

　　这已经是他第三次主动提出致仕（退休）之请了。第一次是他70岁那年，当时他任官礼部左侍郎。吏部尚书王直认为魏骥身体尚好，但考虑到他年事确实已高，宜减其繁务，便将他调任南京吏部。魏骥推辞不掉，只好就任。几年后，他又被进官南京吏部尚书。可是就在这时，他却第三次请求辞官还乡。

　　魏骥到北京谒见景泰皇帝时，见到了大学士陈循。陈循原来曾是魏骥的门生，此时官居内阁大学士，有权有势，看到自己老师放着官不做，非请致仕还乡不可，便私下劝他道："公虽位冢宰，然未尝立朝。愿少待，事在循辈。"

陈循也是一番好意，见自己老师一生为官清正，又有威望，官位虽然不低，却是在南京为官，不在朝中，于是想帮助老师在朝中再任几年职。可是魏骥听了，却严肃地对他说道："君为辅臣，当为天下进贤才，不得私一座主。"拒绝了学生的这番好意。回去后想起此事，还私下叹息道："渠以朝廷事为一己事，安得善终。"

其实说来魏骥宦途也并非一帆风顺。他早在永乐中便以进士副榜授官松江（今属上海）训导，做了一名教官。后来参修《永乐大典》，被荐为太常博士。在官场沉浮 20 多年，才升任吏部考功员外郎，又在郎署近 20 年，才得官礼部侍郎。谁知他却从此一辞再辞，坚决回乡闲居去了。

魏骥为官廉勤谨慎，又是非分明，他在朝为官时，正值太监王振专权，别人见了王振，都要避让，魏骥却从来不避，只是一揖而过，不卑不亢。身为朝臣，只带着一名仆人，居住在官舍。奉命考察南京，空囊去空囊归，赢余的几两俸银，还被人骗去，也不作计较。这次致仕还乡，乘坐一条小舟，沿途关津不断阻拦盘查。接他还乡的儿子忍受不住，将官仗立在船头，魏骥却说："藉重此耶？"让儿子去掉官仗。

魏骥回到家乡萧山，一点儿也不摆大官的架子，生活十分俭朴。穿的是布衣，吃的是普通饭菜。从来不肯经营谋利，经常戴上草笠往来田间。有一回，钱塘县主簿从这里经过，手下差役见有个老农没有及时让道，就上前呵斥。魏骥恭敬地答道："萧山魏骥也。"这一下可把小小的县主簿吓坏了，他连忙上前行礼，仓皇谢慰而去。

魏骥虽然退休闲居，但却并未在家安享清福，这位退休的老尚书还总是关心着家乡的事情。萧山一带多水患，他就出面倡议，并带着大家修好湖堤塘堰、捍江潮、兴湖利，乡里都得到了好处。他还带头尊师重教，每次见到当地教谕，魏骥都恭敬有礼。在他的带动倡导下，他家里和乡里许多人家都教育子弟读书种田，风气一天比一天好。

就这样，魏骥居乡 20 多年，直到 98 岁高龄，还照旧做些力所能及之事。

成化七年（1471 年），朝中一位名叫梁防的御史上书给宪宗皇帝说道：

臣先任萧山，见致仕尚书臣魏骥里居，与里人稠处，教子孙孝弟力田，增堤浚湖，捍御灾患。所行动应礼法，倡理学，勖后进。虽在林野，有补治化。骥生平学行醇笃，心术正大，谙世事，瞭国体。致仕二十余年，年九十八岁，四方仰德，有如卿云，百年化育，滋此人瑞。臣读前史，有以归老赐禄毕其身者，有尊养三老五更者，有安车薄轮召者，有赐几杖者，上齿德也。骥齿德有余，爵在上卿，可称达尊。乞下所司，酌前代故事施行。

谁想到，这份奏疏竟成了魏骥的盖棺之论。当宪宗派行人存问，并赐羊酒，命地方官府月给米三石以示表彰时，使命未至而魏骥已故。

魏骥之子献上魏骥临终遗书，上面写道："慎勿以葬事扰乡里。"

明宪宗看到魏骥的遗书，也不由为之感动，他怃然说道："骥临终遗命，犹恐劳民，可谓纯臣矣。"魏骥之子按照父亲生前遗愿，将朝廷拨发的安葬费，都用来赈济了饥民，这也算是魏骥对乡里做的最后一点好事。

萧山人民没有忘记这位施惠乡里的老人，他们特地请求将魏骥的名位供奉到德惠祠中，以表示深切的悼念。

◎故事感悟

魏骥的心是属于天下的，属于黎民百姓的，属于他人的，唯独不是属于他自己的。这份爱民如子赤诚之心，多么令我们为之感慨与钦佩啊！

◎史海撷英

魏骥的文学造诣

魏骥在文学上的造诣颇深，文章淳朴典雅；诗则不求雕饰，自然隽永。求文者不绝，篇章之富，山刊版刻，几遍天下。负书名，虽圆健而不免俗。其著作有《南斋前后集》《松江志》《水利事实》《水利切要》《理学正义》《南斋摘稿》等。

◎文苑拾萃

题赵松雪小像

（明）魏骥

天潢玉树溥华滋，水晶宫小春迟迟。

沤波桂楫浮轻漪，桃笙豹枕罗香帏。

蜀琴啼凤弹吴丝，翠华渺渺膻尘飞。

铜仙泪泣风凄凄，瑶阶土蚀秋虫悲。

蝉衫宝楀双蟠螭，玉堂归老江南时。

鲁迅关怀文坛新秀

◎博爱之谓仁，行而宜之谓义。——韩愈

萧军（1907—1988年），原名刘鸿霖，出生于辽宁省义县沈家台镇下碾盘沟村，即现凌海市所属大碾乡人，笔名三郎、田军、萧军。1934年10月创作了著名的《八月的乡村》。《八月的乡村》的出版不但显示了抗日文学的实绩，也奠定了萧军在文坛上的地位。从此，他与萧红成为"东北作家群"的著名代表。"但得能为天下雨，白云原自一身轻。"萧军的这两句诗就是他的精神写照。

萧红（1911—1942年），现代小说家。原名张乃莹，曾用笔名悄吟、田娣。黑龙江呼兰县人。1934年与萧军一起离开哈尔滨。同年从青岛到上海。在鲁迅的关怀与扶持下，萧红成为30年代文坛上活跃的女作家。她的代表作品《生死场》，列入鲁迅主编的"奴隶丛书"，1935年12月出版，鲁迅亲自校阅并写了序言。《生死场》真实地反映了东北人民在封建压迫和帝国主义侵略下的极端贫困和顽强抗争。对民族矛盾和阶级矛盾都有较为深刻的刻画。长篇小说《呼兰河传》，以朴实细腻的笔调回忆她的童年和故乡，从侧面勾勒出封建统治下农村生活的一角。作品流露出低沉忧郁的情绪，而描物、状景、抒情、写人都较前有所提高。

萧红和萧军曾是一对患难夫妻，两人都酷爱文学与写作，共同的志向使他们走到了一起。在艰苦的环境中，他们写出了大量的作品。"九一八"事变后，东三省很快沦亡，两人走投无路，便决定去上海投奔鲁迅先生。

鲁迅是我国著名的文学家，他为人正直善良，对人和蔼可亲。当萧红和萧军到达约定的内山书店时，这位身材瘦弱单薄的老者正如约等候在那里。鲁迅先生没有任何客套的寒暄，招呼他们在附近的一家咖啡店里坐下。鲁迅的亲切态度冲淡了二人旅途的疲劳，消除了他们心中紧张的情绪。谈话中萧红和萧军拿出了自己的书稿，请鲁迅先生帮助修改并予以推荐。

　　临别时，鲁迅掏出了一个信封，里面装着20元钱，交给了萧军，并对他说："你们初到上海，这正是你们所需要的。"鲁迅是从通信中得知，萧红和萧军到上海时只剩18元5角钱了，生活很拮据。告别之际，两位年轻人望着鲁迅先生的背影，感动得热泪盈眶。当时正是冬天，可鲁迅还穿着胶底鞋，脖子上连一条围巾都没有，袍子也很单薄。两人看着先生病瘦的身形，不禁后悔将自己的书稿交给鲁迅先生了。

　　不久，鲁迅先生为了推荐这两位文坛青年，自己掏腰包举行了宴会，约萧红夫妻俩与茅盾等著名作家同桌共餐。两人在接到请柬时，看了一遍又一遍，双手颤抖着，泪水模糊了他们的眼睛。宴会上，鲁迅与夫人许广平热情周到地招待来宾，许广平像见了多年不见的老朋友一样拥抱萧红。通过鲁迅先生的引见，两人结识了许多进步作家。

　　由于鲁迅先生的推荐和倾注心血的修改，两位青年作家的作品终于相继问世。萧军的小说《八月的乡村》和萧红的小说《生死场》，都是鲁迅先生亲笔作的序。正是鲁迅先生的关心和爱护，使中国文坛中又成长起了两棵挺拔奇峻的栋梁之材。

◎故事感悟

　　鲁迅先生不仅是一位伟大的思想家、革命家，更是一位真情真性的勇士。对于祖国，对于人民，对于追求进步的青年人，他的心中充满了炽热的爱心。对青年人的思想、工作、生活，他都尽可能给予了无微不至的关怀。鲁迅先生的一片赤子之心，正如他在《自嘲》诗中所说："横眉冷对千夫指，俯首甘为孺子牛。"

◎史海撷英

中国左翼作家联盟

　　中国左翼作家联盟（简称"左联"）成立大会于1930年3月2日在上海举行。

到会的有冯乃超、华汉（阳翰笙）、沈端先（夏衍）、潘汉年、钱杏邨（阿英）、鲁迅、画室（冯雪峰）等40余人。大会通过了左联的理论纲领和行动纲领，选举沈端先、冯乃超、钱杏邨、鲁迅、田汉、郑伯奇、洪灵菲7人为常务委员，周全平、蒋光慈两人为候补委员。鲁迅在会上发表题为《对于左翼作家联盟的意见》的演说，强调革命作家一定要接触实际的社会斗争。他对左联工作提出了四点意见："对于旧社会和旧势力的斗争，必须坚决，持久不断，而且注重实力；战线应该扩大；应当造出大群的新的战士；联合战线是以有共同目的为必要条件的。……如果目的都在工农大众，那当然战线也就统一了。"

◎文苑拾萃

自 嘲

鲁迅

运交华盖欲何求，未敢翻身已碰头。

破帽遮颜过闹市，漏船载酒泛中流。

横眉冷对千夫指，俯首甘为孺子牛。

躲进小楼成一统，管他冬夏与春秋。

罗瘿公梨园育英才

◎仁之法，在爱人，不在爱我。——董仲舒

> 罗瘿公（1872—1924年），名敦㼈，字掞东，号瘿公。诗人，京剧剧作家。祖籍广东顺德。他幼攻诗文，青年时期就读于广雅学院，为康有为弟子。23岁中副贡，官至邮传部郎中。1908年，出任唐山路矿学堂坐办。民国成立后，先后任总统府秘书、国务院参议、礼制馆编纂等职。后愤于袁世凯复辟帝制而弃政攻文。与王瑶卿、梅兰芳深有交往，尤与程砚秋交谊深厚。晚年逝世于北京，葬于北京西山，享年52岁。

　　程砚秋先生是我国京剧艺术的大师，还不到25岁就与梅兰芳、荀慧生、尚小云同被尊为京剧"四大名旦"。然而，如果没有一个人的扶持、资助，程砚秋是绝对不可能取得如此成就的，一颗京剧艺术之星或许根本无法升起。这个人就是清末民初的著名诗人罗瘿公。

　　罗瘿公为人正直侠义。他喜爱京剧，经常到剧场里听戏，也就认识了程砚秋。程砚秋当时才13岁，小小年纪已经展露出很有前途的艺术才华。但是他的处境却使他的艺术面临夭折的危险。

　　原来，程砚秋生于一个没落的旗人家庭里，父亲早亡。迫于生活，他6岁拜在荣蝶仙门下学唱京戏。旧社会进了戏班的门，就等于是卖了身的奴隶。程砚秋除了学戏练功外，还要帮师傅家干许多家务活。稍不如意，师傅就打他。由于程砚秋刻苦练功学艺，11岁就能登台演出。13岁那年，程砚秋正处于变声期，可师傅为了赚钱，就让他没日没夜地唱，嗓子哑了，仍然逼他唱。照这样下去，不用多久，他的嗓子就完了，嗓子一坏，艺术生命也就完了。

罗瘿公眼看这棵京剧新苗就要夭折，心中十分同情和着急。通过交涉，最后筹了一笔巨款，将程砚秋赎出荣蝶仙的师门。

接着，罗瘿公为程砚秋全家找了房子，安顿下来。又到处请医生给他治嗓子，并亲自教他学习文化，讲解诗词，每次功课学习完毕都要进行严格的检查。为了帮他提高艺术修养，罗瘿公还经常带他去看在中国出现不久的电影。更为重要的是罗瘿公设法让程砚秋拜了一位名师——著名京剧表演艺术家王瑶卿。

在王瑶卿和罗瘿公的精心指导和辛勤培育下，程砚秋的唱腔和表演都大有长进，且已经在京剧界有了些名气。此时，罗瘿公又到处奔走，筹款请人，为程砚秋组建了自己的戏班子。

为了帮助程砚秋创出自己的风格，师傅王瑶卿做他的导演和唱腔设计，罗瘿公则亲自执笔，为他编写了12个新剧本，让他在舞台上实践，每出戏必有创新。在他们的关怀指导下，程派艺术的基础逐渐奠定了。

◎故事感悟

罗瘿公本与程砚秋非亲非故，出于悲天悯人的仁者情怀，出于对艺术的热爱和追求，出于对艺术人才的爱惜出手帮助程砚秋。正因为有了他的慷慨无私，才有了程砚秋辉煌的艺术成就，才有了中国京剧艺术的推陈出新，不断进步。

◎史海撷英

京 剧

又称"皮黄"，我国主要剧种之一，由清代中叶的徽调、汉调相继传入北京合流演变而成。由"西皮"和"二黄"两种基本腔调组成它的音乐素材，也兼唱一些地方小曲调（如柳子腔、吹腔等）和昆曲曲牌。京剧是中国的"国粹"，已有200年的历史。形成于北京时间是在1840年前后，盛行于20世纪三四十年代，时有"国剧"之称。现在它仍是具有全国影响的大剧种。它的行当全面、表演成熟、气势宏美，是近代中国戏曲的代表。

◎文苑拾萃

《亡蜀鉴》

京剧剧目，一名《江油关》，又名《李氏殉节》。故事见《三国演义》第一百一十七回，程砚秋改编后命名为《亡蜀鉴》。1935 年 10 月 28 日首演于北京中和园，程砚秋饰李氏，侯喜瑞饰邓艾，曹二庚饰马邈。故事梗概是：三国末年，魏将邓艾袭蜀，偷渡阴平，直攻江油。江油守将马邈见兵败国危，意欲投降，其妻李氏晓以大义，苦口劝谏。马邈佯为应允，暗地开门降魏，李氏愤而自尽。此剧目首演之时，正值日寇侵华，国民政府采取不抵抗政策，程砚秋上演此剧，以抒公愤。剧中李氏规劝马邈时的语言情真意切，义正辞严，充满了激情，尽诉不堪亡国之辱的一腔愤懑，令人颇受感染。

雷锋助人为乐

◎人的生命是有限的，可是为人民服务是无限的。我要把
有限的生命投入到无限为人民服务之中去。——雷锋

雷锋（1940—1962年），出身于湖南省望城县一个贫穷农民家庭，7岁沦为孤儿。新中国成立后进小学读书，并第一批加入了中国共产主义少年先锋队。1956年小学毕业后先后在乡政府当通讯员和中共望城县委当公务员。1957年2月，加入中国共产主义青年团。此后，他继续在望城县沩水工程指挥部、团山湖农场和辽宁鞍山钢铁公司化工总厂当拖拉机手和推土机手，工作出色，多次被评为"红旗手"、"劳动模范"、"先进生产者"和"社会主义建设积极分子"，出席了鞍山市青年积极分子代表大会。1962年8月15日，雷锋同志在执行运输任务时不幸因公殉职。

1960年1月8日，雷锋应征入伍，同年11月加入中国共产党。在部队的培养教育下，他进一步提高了政治觉悟，牢固地树立了全心全意为人民服务的思想。他热爱集体，关心战友，关心群众，把"毫不利己、专门利人"看成是人生最大的幸福和快乐。

1961年5月的一天，雷锋因公事到丹东出差。他清早五点钟从连部出发，在去抚顺火车站的路上，看到有一位大嫂背着小孩，手中还拉着一个六七岁的小女孩去赶车。天淅淅沥沥地下着雨，他们母子三人都没有穿雨衣。那个小女孩因掉进泥坑里，弄了一身泥，一边走还一边哭。看到这种情况，雷锋急忙走上前去，脱下自己的雨衣，披在那位大嫂身上，又背起那个小女孩，与他们一同来到火车站。雷锋替大嫂买好了票，又一同上了火车。在车上，那个小女孩的衣服都湿透了，头发还在往下滴水，冷得直打颤。雷锋自己一

身衣服也湿了，他急忙解开外衣，摸摸贴身的那件绒衣还是干的，立即脱了下来，给那个小女孩穿上。听说他们母子三人早晨没吃饭就出来了，雷锋又把自己带的三个馒头送给了他们。上午九点钟，列车到了沈阳，雷锋领着小女孩，把他们母子三人一直送出车站。

雷锋从丹东回来，又在沈阳换车回抚顺。早晨五点多钟，雷锋背着背包，剪了票，便走向月台。过通道时，他看见一位白发苍苍的老大娘拄着棍，还背着很大的包袱。雷锋赶上前去问道："大娘，你到哪去？"老人上气不接下气地说："俺从关里老家来，到抚顺去看儿子。"雷锋一听跟自己是同路，立刻接过大包袱，用手扶着老人，说："大娘，我送您老到抚顺。"

雷锋扶大娘上了车，但车厢里已经挤满了人。雷锋正想给老人找个座位，这时，身边的一个大学生站了起来，让老人坐下了。雷锋站在老人身边，等车开动了，就从挎包里掏出在站台上买的两个面包，分一个给了老人。老大娘望着他说："孩子，俺不饿，你吃吧！""别客气，大娘，吃吧。"他硬把面包塞到老人手里。老人拿着面包，不知该说什么好。

火车进了站，雷锋扶着老人下了车，然后把自己的背包暂存在车站里，背起老人的包袱，搀扶着老人，穿过熙熙攘攘的人群，东打听西打听，用了将近两个小时，费了许多周折，走了不少弯路，才找到老人的儿子。进得门来，老人第一句话就说："不是这孩子送我，娘怕还找不到你呢。"雷锋临走时，母子俩拉着他的手恋恋不舍，送出了很远很远。

一个中秋节的晚上，连队里发了月饼。战士们边吃边谈心，有说有笑，到处溢着一片欢乐的气氛。

雷锋也领到四块月饼，但他没吃，他想起了在旧社会里受尽种种苦难的妈妈，想起了爸爸、哥哥和弟弟那悲惨的命运。他自言自语地说道："我的父母要能活到今天，看见他们的儿子成了人民的战士，人民做了国家的主人，他们该多高兴啊！"

回到宿舍，雷锋将月饼用纸包起来，写了一封热情洋溢的慰问信：

"亲爱的阶级弟兄，为祖国社会主义建设负伤和有病的休养员同志：这四块月饼是人民送给我的。它使我想起了过去的苦，体验到今日的甜。因此，

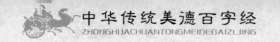

我很自然地想起了你们，请收下一个战士的心意吧……"

第二天，他来到抚顺市西部职工医院，把月饼连那封写好的慰问信一起送给了伤病员同志。

伤病员分吃了他的月饼，一致感谢他的深情厚谊，写了感谢信表示决心："要争取早日出院，在生产战线上作出更大的成绩，以报答阶级弟兄的关怀。"

◎故事感悟

"我是人民的勤务员，自己辛苦点，多帮别人做点好事，这就是我最大的幸福和快乐。"这就是雷锋对"助人为乐"的最好注解。雷锋与那些需要帮助的人非亲非故，也无求于他们，只是因为他们有困难，雷锋就欣然相助，并为此感到高兴。这是一种多么崇高的思想境界！我们要继承和发扬雷锋的这种精神，让整个社会充满友爱。

◎史海撷英

"向雷锋同志学习"

1963年3月2日，《中国青年》杂志首先刊登了毛泽东同志"向雷锋同志学习"的题词。3月5日，《人民日报》、《解放军报》、《光明日报》、《中国青年报》等都刊登了毛主席的题词手迹。第二天，《解放军报》又首次刊登了刘少奇、周恩来、朱德、邓小平等同志的题词手迹。《中国青年报》随即转载。以后，陈云、叶剑英等同志也为雷锋题了词。

由于老一辈革命家的积极倡导，学习雷锋的活动很快从军队向全国各行各业开展起来，迅速兴起了一个全国范围的学雷锋热潮。随着学雷锋活动的深入开展，全国各行各业和各条战线上涌现出了成千上万雷锋式的先进人物，社会上迅速地出现了一种奋发图强、积极向上的精神，进一步形成了一种良好的社会新风气。

◎文苑拾萃

《雷锋日记》节选

1960 年 1 月 8 日

这天是我永远不能忘记的日子，这天是我最大的荣幸和光荣的日子。我走上了新的战斗岗位，穿上了黄军服，光荣地加入了中国人民解放军。我好几年来的愿望在今天得已实现了，真感到万分的高兴和喜悦，这是我一生最大的幸福。

我在党的正确领导下，在革命的大家庭里，我一定要好好地锻炼自己，在入伍的这一天，我提出了如下保证：

一、听党的话，服从命令听从指挥。党指向哪里，我就冲向哪里。

二、加强政治学习，多看报纸和政治书籍，按时参加部队的各种会议和学习，积极宣传党的政策，密切靠近党组织，及时向党组织反映各种情况，不断提高自己的政治思想觉悟。

三、尊敬领导，团结同志，互帮互爱互相学习。

四、严格遵守部队的一切纪律，做到虚心向老战士学习，刻苦钻研，加强军事学习，随时准备打击敌人。

五、克服一切困难，发扬长辈优良的革命传统。我要坚决做到头可断，血可流，在敌人面前决不屈服、投降。我一定要向董存瑞、黄继光、安业民等英雄战士学习。

六、我要努力学习政治、军事、文化，我要好好地锻炼身体，我一定要在部队争取立功当英雄，我一定要做一个毛泽东时代的好战士，我要把我可爱的青春献给祖国最壮丽的事业。

以上六条是我努力的方向和我的奋斗目标。

王杰为战友烤棉衣

◎视人之身若视己身。——墨子

王杰（1942—1965年），出生在山东省金乡县城郊乡华堌村一个普通农民家庭。1961年8月，王杰应征加入中国人民解放军，在济南军区装甲兵某部工兵一连当战士。1962年2月加入中国共产主义青年团。1965年7月14日，在一次训练中为掩护民兵而英勇牺牲，后被追认为革命烈士。根据王杰的生前愿望，王杰生前所在部队党委追认他为中国共产党正式党员。多位党和国家领导人毛泽东、周恩来、林彪、朱德、叶剑英、董必武、陆定一亲笔为王杰题词。2009年9月14日，他被评为百位新中国成立以来感动中国人物之一。

王杰同志是人民子弟兵的杰出代表。在部队里，王杰时时刻刻为战友着想，把困难留给自己，把温暖送给了别人。

有一年寒冬，连队接到修桥的任务。当时正赶上狂风大雪，还没走上工地，漫天飞舞的雪花就把战士们的棉衣全打湿了。可是为了按期完成任务，战士们不畏严寒，穿着湿透了的棉衣继续苦干。整整一天，冷风吹在他们的身上，叫人浑身直打寒战，可没有一个人离开修桥工地。大家紧张有序地忙碌着，仿佛忘记了刺骨的寒风，忘记了湿透的棉衣。

晚上，战士们回到营地，实在是太疲乏了，连饭都没好好吃几口，脱下湿棉衣往火边一搭，都倒头睡着了。王杰躺在床上翻来覆去睡不着，他想，明天还要在风雪里施工，天气这么冷，同志们的棉衣要是烤不干，穿着湿衣服，那不要生病吗？想到这里，他一骨碌从床上爬起来，悄悄地来到烘烤棉衣的火堆旁。战友们的棉衣乱七八糟地散放着，离火近的，已经快烘干了，时间再长点可能会烤焦；离火远的，还是湿的，有的还在往下滴水。

于是王杰找来几根木条，搭成一个大架子，在架子上系了几根铁丝。他把湿棉衣在铁丝上摆放好，又往火堆里添足柴火，然后把棉衣一件一件地翻动烘烤着。

时间一分一秒地过去了，火苗映照在王杰疲惫的脸庞上。一阵阵睡意不断向他袭来，王杰的眼睛都快睁不开了，可是一想到战友们明天还要继续战斗，他仍然苦苦坚持着。他怕因为打瞌睡把棉衣烤焦，就起身泡上一杯浓茶提神。实在忍不住要打瞌睡了，他就在手臂上使劲掐几下。在寒冷的夜晚，王杰在火堆旁一件一件地烘烤着战友们的棉衣，一直坚持到把二十几件湿漉漉的棉衣全部烤干为止。

天渐渐亮了，当战友们从沉睡的梦中醒来时，发现烘干的棉衣已经放在各自的床边了，而王杰却困得和衣倒在床上。

◎故事感悟

　　王杰同志是党和部队培养出的好战士，他时时刻刻想着并做到了为祖国奋斗，为人民服务。在日常生活和工作中，他热心关爱他人，把他人的幸福快乐当做自己的幸福快乐。在他身上，闪耀着一位共产主义战士的光辉。他虽然牺牲了，但他光辉的一生、永远是我们学习的榜样。

◎史海撷英

王杰参加抗洪

1963年8月27日，王杰所在部队奉命到河北抗洪救灾，一天夜里，上级命令他们到木料场去抢运木料。场子被茫茫的洪水围困着，必须首先派一个尖兵探出一条安全的路来，大家才能顺利进场。王杰同志抢先要求担负了这项战斗任务。他在齐胸的水中探索前进，好几次掉进没过头顶的深坑。在寻找进出口时，他腿

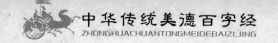
上、手上被水下的铁丝网划成道道血痕，但为了顺利完成抢运任务，他把这一切完全置之度外。他这种奋不顾身、迎难而进的精神，使战友们受到了极大的鼓舞和教育。

◎文苑拾萃

一不怕苦 二不怕死

这句话是1965年学习王杰时提出来的。

王杰是中国人民解放军济南部队某部工兵一连班长，1965年，在一次执行任务中，为掩护民兵和人武干部的安全，英勇牺牲。1965年11月6日，《解放军报》刊登总政治部关于向王杰同志学习的通知，号召全军指战员学习王杰同志"一心一意为革命，一不怕苦，二不怕死，随时准备为革命利益，为大多数人民的最大利益贡献出自己的一切"。"一不怕苦，二不怕死"是从王杰的事迹中概括出来的。

毛泽东主席后来也说，"我赞成这样的口号中，叫做'一不怕苦，二不怕死'"，这句口号也就成了一个成语。

为人民服务到白头

◎仁也以博爱为本。——康有为

　　杨怀远（1937—），安徽庐江人。1956年加入中国人民解放军，1958年加入中国共产党。1960年复员后到上海海运局和平14号轮当生火工，民主5号轮服务员、副政委、政委，长征号轮政委，长山号轮、长柳号轮服务员。是中共十三大代表。1985年获全国劳动模范称号。著有《讲点服务学》。2009年9月14日，他被评为100位新中国成立以来感动中国的人物之一。

　　杨怀远同志退休前是上海海运局"长柳"号轮船的服务员。他为了更好地为旅客服务，不仅准备了扁担和方便箱，还刻苦地学习英语、哑语及各地方言。

　　有一次，船到码头，旅客们纷纷下船，可是，七个白发苍苍的老人却坐在船舱里发愁。每人一个大行李包，加起来有100多公斤重，怎么下船呢？正在这时，杨怀远提着扁担来了，他把行李一个一个挑上码头。老人们一再道谢，有的还要送钱给他，可他一分也不收。

　　杨怀远为人民做好事，人民一直记着他。一次，一个青年人找到杨伯伯，感激地说："我听妈妈说，23年前，在我刚一岁的时候，妈妈带我乘船去姥姥家。妈妈晕船动不了，是您背着我，给我喂水喂饭、洗尿布，下船时，您又用扁担为我们挑行李。这些年，我们一直惦记着您呢！"

　　人民感谢杨怀远，纷纷在他的小扁担上写下赞美的诗句和留言。其中还有29位外宾写的话。杨怀远说："还有什么比这更幸福的呢？人民的鼓励，比金钱不知要贵多少倍哩！"

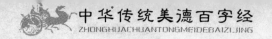

◎故事感悟

杨怀远同志不追求金钱和地位，更不贪图安逸舒适的生活。那么，是什么力量支持着他几十年如一日地为人民服务呢？用他自己的话说："因为我是个共产党员，共产党员的理想和责任就是全心全意为人民服务。天下万物何所求，只求为人民服务到白头。"这就是支配他行动的真正动力。

◎史海撷英

"小扁担精神"

杨怀远同志在上海海运局当客轮服务员时，用扁担主动帮助旅客挑运行李，一干就是几十年，被誉为"老人的拐杖"、"病人的护士"，他的精神被誉为"小扁担精神"。"小扁担精神"不仅表现在他为旅客挑行李这件事上，更体现在他不管在什么职位都一心为群众着想的精神。退休后，杨怀远又义务为学校和福利院扎拖把，继续履行着自己"为人民服务到白头"的诺言。

◎文苑拾萃

电影《今天我休息》

这是一部由上海电影制片厂摄制，李天济编剧的喜剧故事片。

这一天是民警马天民的轮休日，别人给他介绍个女朋友，约好上午相见。赴约途中，遇见一位乡下老大爷的小猪掉到河里，马天明帮他救了起来，还送他到了要去的钢铁厂，因而错过了约会的时间。介绍人又约他下午跟女方看电影，可恰好一位居民的小孩得了急病，他又帮忙把小孩送进医院，等事情办好，又错过约会的时间。晚上，他刚要应约去女方家吃饭，不料少先队员送来一个捡到的皮夹，他几经周折，才找到失主。女方对马天民几次失约很生气。正在这时，女方的父亲来了，原来他就是那位小猪落水的老大爷，于是一场误会消除了。

这部喜剧片集中表现了现实生活中"一人为大家，大家为一人"的新道德风尚。

热情助人的夏凯令

◎利人者乎，即为；不利人乎，即止。——墨子

郑哲民（1932—），广东省新会市人。陕西师范大学生命科学学院院长、教授。一直从事于动物学及昆虫学的教学和昆虫分类、生态及防治方面的研究工作。出版了《云贵川陕宁地区的蝗虫》《蝗虫分类学》等十四部专著。

印象初，江苏海门人，1934年7月出生，1958年7月毕业于山东农学院植物保护系（现山东农业大学，植物保护学院）。历任中国科学院西北高原生物研究所动物研究室主任，副研究员，副所长，研究员。中国昆虫学会三届、四届、五届、六届理事会理事，中国科协四届全国委员会委员，青海省科协常委、副主席。美国亚利桑那大学和亚利桑那州立大学客座教授。1995年6月被联合国教科文组织和中国科学院挑选为中国当代科技精英之一。1995年10月当选为中国科学院院士。1996年2月被河北大学聘为终身教授，2001年被山东农业大学聘为特聘教授。现任《昆虫学报》编委，《昆虫分类学报》编委，《动物分类学报》编委，《中国农业科技导报》编委。

郑哲民是研究昆虫的学者。"文革"中，他的老师被打成"反革命"，从此他就失去了导师的指导。他经过再三考虑，决定写信给一些国内生物学专家，请他们在学习方面给自己以指导。

不久，他收到了两封信。他拆开第一封信，仿佛被兜头泼了一盆冷水，因为信中大谈昆虫分类的专业性，认为他不宜作此项研究。然而第二封信却像一股暖流涌进了他的心田，这正是我国研究蝗虫、白蚁的权威——老科学家夏凯令给他的回信。在信中，夏老鼓励他说："我愿尽我的一切力量帮助你。归结为一句话：欢迎你！"夏老热情洋溢的话感动了这位刚刚步入科学

之门的青年。

接着，郑哲民就收到了夏凯令给他寄来的适合初学者的相关材料。虽然两个人从没见过面，但从此却开始了长期的书信交往。每次郑哲民需要有关资料时，夏老都竭尽全力提供帮助。为了给郑哲民鉴别标本，修改论文，他总是接连几个星期加班工作。就这样，六七年过去了，郑哲民在专业领域取得了杰出成果，成为了副教授。

得到夏凯令热情帮助的并不只是郑哲民一个人，印象初又是一个典型的例子。

1964年，印象初只是一个普通的科技人员，他慕名从大西北到上海向夏老求教，受到了夏老的热情接待。夏老将自己积累多年的蝗虫分类研究经验毫无保留地传授给了印象初，而且从此一直对他进行指导，关怀备至。

功夫不负有心人。经过十四年的辛勤努力，不懈探索，印象初终于提出了一个创造性的学术思想——新的蝗虫分类构图。夏凯令知道后，认为印象初的研究成果已达到昆虫学领域领先水平，他毫不迟疑地用自己的研究成果去丰富印象初的思想，还将这一研究成果应用到《中国蝗虫志》的编写中去。印象初的研究引起了国际学术界的重视。提及这些，他总是发自肺腑地感谢夏凯令先生的亲切指导。

◎故事感悟

夏凯令老师并不认识郑哲民和印象初，他热心地帮助这两位青年知识分子，是出于一位科学家对科学的热爱和尊重，对人才的关心和爱护。他一如既往的支持和鼓励青年人，去攀登科学的高峰，并愿做他们前进的铺路石。他这种甘为人梯的奉献精神永远值得我们去学习。

◎史海撷英

中国科学院

于1949年11月在北京成立，是国家科学技术方面最高学术机构和全国自然科学与高新技术综合研究发展中心。

中国科学院包括5个学部(数理学部、化学部、生物学部、地学部、技术科学部),以及11个分院(沈阳、长春、上海、南京、武汉、广州、成都、昆明、西安、兰州、新疆)、84个研究院所、一所大学、二所学院、四个文献情报中心、三个技术支撑机构和两个新闻出版单位,分布在全国20多个省(市)。此外,中国科学院还投资兴办了430余家科技型企业(含转制单位),涉及11个行业,其中包括8家上市公司。

◎文苑拾萃

苦 练

疾风知劲草,烈火见真金。不经寒霜苦,安能香袭人。
锋自磨砺出,玉乃雕琢成。人而不苦练,焉能艺精深。

释意:

本诗作者已无从考订。

这首诗说明一个人想学习知识、掌握本领,就必须刻苦磨炼。

前四句是说:迅猛的大风可以检验出哪些是坚韧的劲草;烈火能炼出真正的黄金;梅花不经过寒霜侵袭的凄苦,怎能发出沁人心脾的香气。

后四句是说:锋利的刀刃是在磨刀石上磨出来的,玉器是经过精心雕刻而成的;人如果不刻苦练习,怎么能使自己技艺精深呢?

朱伯儒关爱老人

◎仁是根，爱是苗。——朱熹

朱伯儒（1937— ），广东茂名人，1955年参军，1962年毕业于空军航空学校，1969年加入中国共产党，1983年任军区空军后勤部副部长，同年被中央军委授予"学习雷锋的光荣标兵"称号，国家和军队领导人分别题词，予以赞扬。1986年毕业于解放军政治学院。后任军区空军政治部副主任。是第六届全国人大代表。

朱伯儒同志原来是人民解放军空军部队的干部。他助人为乐，总是为群众排忧解难，群众称他为"新时期的活雷锋"。

1970年秋朱伯儒调到豫西某山区，在一个临时指挥部当参谋。山区群众生活相当贫困，他看了以后十分难过。一天，他见到疾病缠身的五保户刘永生老汉在家里的床上呻吟，便急忙跑回工地，请来军医给老人治病。他像对待亲人一样关心这位老人，经常来看望他，并送来药物、点心和零花钱。老汉感动地说："朱参谋，你的心真好！"春节来到了，朱伯儒没有回家看爱人和孩子，却带上从食堂买来的烧鸡、香肠，登门给老汉拜年。他还给老汉煮饺子，和老汉边吃边谈。这一顿，老汉吃得特别香甜，高兴得合不上嘴。几年后，朱伯儒调到了武汉工作。刘永生老汉病情加重，临终前还用微弱的声音对干部和群众说："共产党好，解放军好，党有朱参谋那样的好人！"

朱伯儒时刻不忘为人民做好事。有一次，他从豫西某工地到南阳去，同路的一个到部队探亲回家的老人王明春突然晕倒了。朱伯儒见此情景，立即把老人送进医院。经检查，老人是胃出血，需要输血。朱伯儒毫不犹豫地挽起袖子说:"我是O型血,就从我身上抽吧!"医生惊疑地问:"你是他什么人?""我是他亲人!"医生化验了朱伯儒的血型后,同意输血。这位优秀共产党员的鲜血就这样流进了萍水相逢的老人的血管里。医生对朱伯儒说:"你赶快去搞点红糖水喝,好好休息一下。"可朱伯儒仍然守护在老人身边。他给老人洗脸、擦身、端水、喂药,还一趟一趟地给老人买来可口的食物。老人感到很过意不去,朱伯儒恳切地说:"老人家,不要见外,战争年代,如果我们生病受伤,您见了还能不管?"三天后,老人的胃出血止住了,硬要出院。朱伯儒替他付了药费,还亲自把老人送回了家。

后来他爱人知道了这件事,问他:"你在外边献了血,怎么回家不吭一声?"朱伯儒说:"有啥好讲的,打仗还得为老百姓献命呢。"

◎故事感悟

朱伯儒同志是党的好党员,部队的好战士。无论在哪个岗位上,他总是兢兢业业地做好自己的工作,并热心关怀驻地百姓的生活。他把关怀人民、奉献于人民当做自己的职责,体现了人民军队为人民的优秀本质。

◎史海撷英

中央领导同志给朱伯儒同志的题词

学习朱伯儒同志,做共产主义思想的坚定实践者。(杨尚昆)

向朱伯儒同志学习。(聂荣臻)

学习朱伯儒同志,做雷锋式的共产主义战士。(徐向前)

向朱伯儒同志学习,为争取党风和社会风气进一步好转而努力。(陈云)

人民公仆,模范党员。(叶剑英)

学习朱伯儒高尚的共产党员品质。(邓颖超)

学习朱伯儒同志热心为人民服务的共产主义精神。(彭真)

像朱伯儒同志那样,热爱祖国,热爱人民,团结一心,建设四化。(李先念)

◎文苑拾萃

一代楷模

语出《旧唐书·李靖传》"朕今非直成公雅志，欲以公为一代楷模。"这是唐太宗表彰功臣李靖的话。意思是说，我现在不仅要成就您崇高的志向，还想以您为一代人的榜样。

意思是指堪为一代表率的人物。

吴健雄助人为乐

◎为彼，犹为己也。——墨子

> 吴健雄（1912—1997年），美籍华人，核物理学家，素有"东方居里夫人"之称。原籍江苏苏州太仓浏河。1929年考入南京国立中央大学数学系，一年后转入物理系。1934年获得学士学位。1936年入美国加利福尼亚大学，1940年获博士学位。1942年在美国与华裔物理学家袁家骝结婚。她在β衰变研究领域具有世界性的贡献，曾获美国最高科学荣誉——国家科学勋章。吴健雄心怀祖国，后受聘为南京大学、北京大学、中国科学技术大学等校的名誉教授，中国科学院高能物理研究所学术委员会委员。1997年在纽约病逝，遵照她本人生前的愿望，骨灰安放在她的故乡江苏苏州太仓浏河镇。纪念馆建于母校东南大学校园内。

杨振宁和李政道是享誉全世界的华人科学家。1956年，两人在长期的合作研究、推算之后，对被当时物理学界视为"金科玉律"的"宇称守恒定律"提出了质疑。他们提出：在弱作用下，这一定律可能不成立。他们的论文发表之后，立刻引起学术界一片哗然，许多人都说："这两个无名小辈竟然要推翻举世公认的定律，简直太狂妄了。"

他们的想法是否合理呢？这就需要进行实验来加以检测。但杨振宁和李政道两人擅长的都是理论物理，缺乏实验操作技能。杨振宁当初之所以改学理论物理，放弃实验物理就是因为这一缘故。为此，他们只好请著名实验物理学家吴健雄来给予帮助。

当时，吴健雄执教于美国哥伦比亚大学，她十分欣赏杨、李二人的卓越见解。接到他们的请求后，立刻欣然应允并着手进行实验。这个实验要求的条件很严格，就是要把一种元素放在接近绝对零度的低温下在强磁场中进行极化。当时哥伦比亚大学根本没有这样的设备。她多方努力，终于得知在华盛顿的美国国家标准局拥有这种低温仪器。可是，从哥伦比亚大学到华盛顿，中间有一千多千米路程。那时，她的丈夫出国了，身边又有一个九岁的孩子需要照顾。但她克服种种困难，坚持开展实验。在华盛顿，她每周做一次实验，用了半年多的时间，终于以精确的实验结果证实了李、杨二人的理论。因此，1957年的诺贝尔物理学奖被杨振宁、李政道二人获得，许多人都以为吴健雄也会获奖。但出乎人们意料的是，吴健雄并未获此殊荣。

这引起了吴健雄的同事们的不平，不少科学家也为她感到遗憾，并认为诺贝尔奖评审委员会不公平。但吴健雄却完全没有放在心上，她立即向杨、李二人致电表示祝贺，声明自己做的实验只是对他们略微有所帮助。她还对朋友们说："我们研究科学的人，工作就是享受。支持别人本身就是件令人高兴的事，我从未考虑过任何荣誉。"

◎故事感悟

吴健雄教授是一位杰出的女科学家，更是一位热情关怀后学的长者。为了杨振宁和李政道的科学事业，她舍弃了自己钻研的机会，甘为人梯，千里奔波去做实验。这是多么高尚的精神啊！成功人士的背后，那些幕后的人更加伟大！

◎史海撷英

"弱相互作用下宇称不守恒"发现的意义

这一发现是近半个世纪以来物理学上最重要的发现之一。首先这一发现对于人类关于物理学的认识论有重要的意义，它消除了一种偏见：任何一个物理学上的理论推论，在没有得到实验证实之前，是不能被规定为物理学原理或者定律；它告诉科学工作者：某些物理学定律有它的适用范围，未经实验检验是不得随意推广的。因而从认识论上来看，弱相互作用下宇称不守恒的发现，是科学史上透过表面看本质的光辉范例。

这一发现对物理学研究本身也有极为重要的贡献，使得人类对于物质微观结构的认识有了新的飞跃。至于这一发现还会对今后的物理学发展产生哪些更为深远的影响，科学界至今难以给出定论。但是李政道、杨振宁1957年获奖距他们提出发现还不到两年，这在诺贝尔奖史上是罕见的，而且这一年李政道年仅31岁，成为科学史上第二个最年轻的诺贝尔奖获得者。这些也足以说明弱相互作用下宇称不守恒的发现在物理学中的身价和地位。李政道、杨振宁的弱相互作用下宇称不守恒的发现，开炎黄子孙获诺贝尔奖之先河。

◎文苑拾萃

归　根

杨振宁

昔负千寻质，高临九仞峰。
深究对称意，胆识云霄冲。
神州新天换，故园使命重。
学子凌云志，我当指路松。
千古三旋律，循循谈笑中。
耄耋新事业，东篱归根翁。

"共产党员，请举手！"

◎我们应该谦虚，谨慎，戒骄，戒躁，全心全意地为人民服务。——毛泽东

中国共产党，成立至今已快近一个世纪了。"共产党员"这个响亮了近一个世纪的称呼，曾经给了多少代人以鼓舞，以力量！战场上，"共产党员，冲啊！"洪水中"共产党员，跳！"攻坚、困难时刻"共产党员，上！""共产党员"，这个代表勇敢、力量、吃苦的名词，曾经给了多少人以希望；地震灾区、洪旱地区，冰冻地区……

1984年4月25日，一场罕见的狂风突然袭击了克拉玛依地区，给百里油田带来了灾难。

这天下午，从乌鲁木齐返回克拉玛依的石油局运输处十队609号客车在公路上顶着风，缓缓地前进。4点钟左右，客车驶进了红山嘴一带，这里是风口。

这部黄河牌客车虽然重达七八吨，但在暴风面前却左右摇晃，随时都有倾倒的危险。车内50多位乘客从来没有见过这种场面，惊慌得束手无策。司机颜继乐让大家都集中到受风的一面，稳住了倾斜的车。

此时风势正猛，狂风夹杂着蚕豆大的石子，把客车的前后挡风玻璃全部打碎，风沙扑向乘客，车厢内一片惊叫。颜继乐很快拿出修车用的毛毡，和大家一道堵住后窗。

突然，又一阵狂风把左边车窗玻璃打碎了，风沙带着冰雹打在人们的脸上、身上，大人叫，小孩哭，衣着单薄的人冻得发抖。望着这些乘客，颜继乐心里十分难过。乘客中有五六十岁的中老年人，也有不满周岁的婴儿，这样下去随时都有发生危险的可能。

颜继乐脱下自己身上的皮夹克，披在一位冻得直哭的两岁小乘客身上。他多么想再有几件衣物给老人小孩啊。他环视了一下车厢内的乘客，然后用坚定的口气说："共产党员，请举手！"话音刚落，石油局输油处和供应处的两位同志举起了手，接着又有几位同志举起了手。他们中间有江苏建筑公司的，也有一些不知工作单位的同志。颜继乐对举起手的11位共产党员说："现在风沙大，气温低，大家都冻得受不了。我们共产党员应该为群众的安危着想。"11位党员都纷纷脱下自己的棉衣、外套、单衣，给车上的老人、小孩、妇女遮挡风寒。他又指挥几个人，用大衣和身体堵住被打碎的车窗，减轻狂风的袭击。

脱下的衣服全部用完了。这时，还有一个出世才三个月的小生命在不停地哭泣，他的母亲无可奈何地流着泪。颜继乐心急如焚。他一眼看到引擎盖的保温套子，便迅速卸下给婴儿和他的母亲盖上。

经过四个多小时的团结奋斗，609号车的57位乘客安全到达了目的地。虽然大多数乘客不知道这位司机的姓名，但都知道他是共产党员。

◎故事感悟

在危急时刻，以颜继乐为代表的优秀共产党员们心为群众所系，不顾自身安危，保护了人民群众的安全。在他们身上，体现了共产党全心全意为人民服务的宗旨，他们不愧于共产党员的光荣称号。

◎史海撷英

克拉玛依油田

该油田位于新疆准噶尔盆地西北边缘，是新中国成立后于1955年发现的第一个大油田。"克拉玛依"系维吾尔语"黑油"的译音，得名于市区东角一座天然沥青丘——青油山。1955年10月29日，克拉玛依一号井出油，开始了克拉玛依油田的光辉历史。经过几十年的艰苦创业，昔日的戈壁荒滩，已建设成为一个具

有勘探、钻井、采油、输油、炼油、建筑、运输、机修、制造等产业的门类比较齐全的石油工业生产基地和科研、文教卫生、商业贸易、公共事业基本配套的石油工业新城。

◎文苑拾萃

电影《在烈火中永生》

电影《在烈火中永生》是1965年由北京电影制片厂摄制，周浩根据罗广赋、杨益言小说《红岩》改编的，是一部以新中国成立前夕革命者和共产党人同国民党反动派狱中斗争为题材的优秀影片。

影片描写1948年重庆新中国成立前夕，由于叛徒甫志高的出卖，共产党员江姐和地下党领导人许云峰先后被捕，押到人间魔窟"中美合作所"集中营。在狱中，江姐和许云峰等共产党人面对敌人的种种酷行和威逼利诱，以顽强的意志击破了敌人的梦想，用生命和鲜血谱写了人生的壮歌，生动地再现了当时国共两党两种政治力量的较量。

影片在思想艺术上的成功，在国内外引起轰动。

31个孩子背出来的爱

◎仁之发处自是爱。——朱熹

　　几年前的一天，鹤壁市友谊学校迎来了一个由家长抱着来上课的新同学——沈军。他因患小儿麻痹留下了后遗症，双腿残疾不能行走。

　　班主任宫老师向同学们介绍了沈军同学之后问道："同学们，沈军同学从今天起就是我们班集体中的一员了。他的家长工作忙，不能每天接送他，我们能不能帮帮他？""能！"31名同学的声音汇成一股巨大的暖流，温暖着沈军的心，他的泪水夺眶而出。

　　怎么帮他？背！从这天以后，金永泰、赵冰、吴爱民、朱杰、郑志勇等同学组成了接送小组，无论春夏秋冬，无论刮风下雨，坚持接送沈军。一趟一千米，每天4千米，3年下来他们接送沈军的路程超过了3000千米。

　　一天，下雪路滑，金永泰背着沈军在回家的路上不慎滑倒了。他硬是咬着牙没吭声，坚持把沈军送到了家。回到家，他感到一阵阵剧痛，才发现自己腿上磕青了一大片。

　　一次放学的路上，吴爱民发现背着沈军的郑志勇身上湿了，就赶忙把沈军接过来自己背着，说让郑志勇歇歇。有人悄悄告诉郑志勇，沈军尿在他身上了（沈军患有尿失禁症）。郑志勇小声地说："甭吭声，没事儿，回家洗洗就行了！"

　　到了三年级，班里的31名学生都加入了接送沈军小组。沈军的父母每次看到满头是汗的同学把自己的孩子背回家，心里既充满感激又感到不安。于是，他们买了辆自行车，让同学们推着沈军上学放学。这一年，班里好多同

学都学会了骑自行车。当时，许多家长不明白他们的孩子为什么突然"热"上了骑车，后来才知道，原来他们是想帮助沈军。

几年来，同学们养成了自觉帮助沈军的习惯，每时、每刻、每处，只要沈军需要帮助，大家都会伸出友爱的手。

后来，同学们要毕业了，毕业典礼上，全班同学被学校命名为"文明少年"。老师问："大家今后还能不能帮助沈军？"31名同学齐声回答："能！我们已经想好了继续帮助他的办法。"这声音特别响亮，沈军的泪水再一次夺眶而出……

◎故事感悟

我们眼中看到的是31位同学背着沈军在上学的路上走，我们心里感受到的难道不是一颗爱心在同学们之间真诚地跳动吗？31个孩子的淳朴、善良、坚韧，让我们看到了新时代少年的美德，让我们感受到了表现在生活细微之处的人间大爱。

◎史海撷英

河南省鹤壁市

鹤壁市位于河南省北部。东西北三面与安阳市交界，南与西南同新乡市接壤。

市名源于鹤壁集，在今市北15里。今市原名大湖，1975年置鹤壁市。鹤壁源于一个传说。据传很久以前，这里有家饭店，营业状况不好，但店主为人善良。一天，有个道人来到店中，声言一文不名，没钱吃饭，店主人仍然热情招待，安排食宿。第二天清晨，道人不辞而别，却在雪白的墙壁上画了一只大鹤。店主十分生气，正要拿锹将大鹤铲掉，谁知大鹤却翩翩飞舞起来。此事惊动四邻，纷纷前来观看。从此，饭店兴隆起来，并形成集镇。

现鹤壁市面积2299平方千米。人口137万。主要聚集着汉族和回族人。辖鹤山、小城、郊区3区及淇县、浚县2县。

◎文苑拾萃

百闻不如一见

　　语出《汉书·赵充国传》。西汉宣帝时，羌人侵入汉境，攻城夺地，烧杀抢掠。宣帝召集群臣计议，询问谁愿领兵拒敌。

　　曾在边境和羌人打过几十年交道的76岁老将赵充国自告奋勇，请求前往。宣帝问他要带多少兵马，他说："百闻不如一见，我想亲自到边境看看，确定攻守计划，画好作战地图，然后上奏。"宣帝同意了他的请求。

　　赵充国带领一支人马渡过黄河，遇上羌人小股部队，一仗下来，捉到不少俘虏。兵士们准备乘胜追击，赵充国阻拦说："我军长途行军至此，不可远追，如果遇到敌人伏兵，就要吃大亏。"部下听了，都很佩服老将军的见解。

　　赵充国观察了地形，了解到敌军的部属，又从俘虏中得知敌方内部的情况，这才制定出屯兵把守、整治边境、分化瓦解羌人的策略，上奏皇帝。不久，朝廷派兵按赵充国的策略，一举平定了羌人的侵扰，安定了西北边境。

　　"百闻不如一见"，意思是听到一百次，也不如亲眼看到一次。说明听得多，不如亲眼看到的可靠。

把温暖送到盲人心坎上

◎有力者疾以助人。——墨子

在古城西安市，实验学校"护盲小组"热心帮助盲人医生赵世杰、冯宝贤夫妇的事迹几乎家喻户晓。20多个春夏秋冬，孩子们给我们留下了许许多多感人的故事。

护盲小组最早的爱心行动是护送盲人夫妇上下班。后来这对盲人夫妇接连生了两个孩子，不幸的是大女儿晶晶也双目失明。从此，护盲小组的同学不但要每天接送两位盲人上下班，还要抱着两个孩子去托儿所。每逢星期日，护盲小组的同学就会去帮助盲人一家买煤、买面、买菜、拆拆洗洗……

有人问他们："你们整天接送盲人，帮他们做事烦不烦？"同学们深情地说："盲人一家真不幸，只要能让他们高兴，我们就高兴。"

一年又一年过去了，一批批参加护盲小组的同学在护盲活动中学会了关心人、帮助人。他们在雷锋精神的鼓舞下，健康成长起来。

盲人夫妇忘不了那个大雪天，北风呼啸了整整一夜。清晨，他们听邻居说雪下得非常大，就想今天同学们一定不来了。其实，两个女同学高蕾和赵蕊早已经等在门外了。她们想让盲人叔叔阿姨多休息会儿，几次伸手都没敲门。听到屋里有了动静，她们才敲响了门。盲人阿姨拉开门，寒风卷着雪花迎面袭来，天气真冷啊！阿姨把两个姑娘搂到怀里，关心地问："你们摔跤了吗？冻坏了吧，手冰凉冰凉的！"她转过身，悄悄擦去那很难说清是心疼还是感激的泪水，接着又马上说道："走，上班去！下雪天需要按摩的病人一定更多。"

护盲小组的同学用自己明亮的眼睛和有限的力量温暖着一个盲人家庭。他们懂得，在我们新社会，人人应当做到心中有他人，心中有人民。

◎故事感悟

孩子们坚持照顾有困难的盲人一家，他们具备的不仅仅是一种行为习惯，更是一种宽广、博大的爱心，是中华民族爱民抚众的传统美德在一代又一代新人身上的延续和继承。他们的爱心必将让我们的社会更和谐、更美好。

◎史海撷英

陕西省西安市沿革

西安市地处陕西省中部，关中平原渭河南岸，是陕西省政治、经济、文化的中心；是世界著名的历史文化古城。

西安古城长安，是我国六大古都之一。曾为西周、西汉、新莽、东汉、西晋、前赵、后秦、西魏、北周、隋、唐12个王朝都城，历时100多年。还是大齐（黄巢）、大顺（李自成）政权所在地。

西周在洋河岸建都丰、镐，秦在渭河北岸建都咸阳。项羽入关，三分关中，这里属"三秦"寒国。汉高祖五年（前202年）设长安县，以古秦多聚"长安"为名。七年迁国都入长安城。因城形似斗，又称"斗城"。汉武帝太初元年（前104年）在长安城兼设京兆尹，为关中"三辅"之一，辖长安等12县。曹魏时改为京兆郡，并兼设雍州。北周增设万年县，与长安同城。隋开皇二年（582年）在长安城东南建新都大兴城。三年撤京兆郡留雍州。大业三年（607年）改万年为大兴县，并将长安、大兴二县治移入新都。撤雍州复设京兆郡，领长安、大兴、户县、周至等县。唐武德元年（618年）复置万年县，并撤京兆郡复设雍州。

贞观元年（627年）在长安城兼设关内道，领关内各州县。开元元年（713年）改设京兆府。二十一年关内道改为京畿道，辖京兆府。天祐元年（904年）唐王朝迁都洛阳。长安城遭毁。佑国军节度韩建以皇城为基础缩建长安城。北宋至道三年(997年)在长安城设陕西路，后改永兴军路。宣和七年(1125年)改万年县为樊川县。金皇统二年(1142年)改永兴军路为京兆府路。大定二十一年(1181年)改樊川县为咸宁县，仍与长安同城。元改京兆府路为安西路，后又改奉元路，属陕西行中书省。明洪武二年(1369年)撤奉元路，设立西安府。取"西部安定"之义。洪武七年至十一年扩建西安府城，始有今日之规模。1912年置陕西省都督府，并咸宁县入长安县，直属省辖。1914年废府设关中道。1927年成立陕西省政府，直辖各县。1928年置西安市，不久废归长安县。1936年设第一行政督察区、辖长安等县。1944年成立西安市政府，由省直辖。1949年西安解放，成立西安市人民政府。

现今的西安市东界渭南市，西邻宝鸡市，南依秦岭与商洛，安康两地区和汉中市毗连，北与咸阳市接界。面积9983平方千米，人口674万，民族有汉、回、满、蒙古、壮、朝鲜等。

◎文苑拾萃

大雁塔

大雁塔塔址在西安市南4千米的慈恩寺内。寺为唐高宗李治给他母亲追荐冥福而建。塔高59.9米。塔基座东西长45.9米，南北长48.8米，高4.2米。合底座与塔身总高64.1米。塔南面镶嵌唐太宗李世民撰"大唐三藏圣教序"和唐高宗李治撰"大唐三藏圣教序记"碑二通。书者为有铁画银钩之称的初唐大书法家褚遂良。字体秀丽，为唐代遗留于后世的名碑。是研究我国古代建筑的重要实物资料。

ZHONGHUACHUANTONGMEIDEBAIZIJING
中华传统美德百字经

爱·爱民抚众

第二篇

大爱无疆 春风化雨

晏婴以民为本

◎仁者，以天下为已责也。——朱熹

晏婴（？—前500年），字仲，谥平，后世又称晏平仲，尊称为晏子，夷维（今山东高密）人。我国古代杰出的政治家和外交家，也是我国先秦时期卿大夫中力倡廉政且躬行不怠的第一人。据《左传》记载，他于齐灵公二十六年（前556年）继其父晏弱为齐卿，随后历事灵公、庄公、景公三朝。到景公时，由于他政绩卓著，尤其在会见晋国使者范昭和出使楚国期间都表现出超人的大智大勇，为国争了光，升为相国。接着，他又以"二桃杀三士"之计除掉了威胁国君的"齐国三杰"，推荐文武全才的田穰苴接任齐国大将军，并实行了一系列改革，从而使齐国国富兵强，他本人也由此而被誉为一代名相。

在《左传》和《晏子春秋》中，都详细记载着晏婴"以民为本"的思想。他多次强调"以民为本"，"先民而后身"。他数十年如一日，一直以恤贫厚民、敢谏尽职而名显诸侯。

晏婴相齐之初，当年齐桓公称霸的业绩早已成为历史，国势相当衰弱。北边的燕国、西边的晋国和南边的楚国都经常犯其边境。在国内，官家垄断着大部分山林、土地、渔盐，贵族们"宫室日更，淫乐不违"，"肆夺于市"，人民生活在水深火热之中。在此情况下，晏婴充分利用自己特殊的身份地位，抓住每一个可能的机会，尽最大努力去为民请愿。

有一次，景公为兴建亭台役使大批民工在秋收季节也不让他们回去。民工们心急如焚，但都敢怒不敢言，只能暗暗叫苦。晏婴对此曾专门进谏，无奈景公执迷不悟，仍然一意孤行。接着，还为亭台的开工举行盛宴，并令晏婴陪侍。晏婴待酒过三巡，忧心更甚，遂即席起舞，同时唱道："岁已暮矣，而禾不获，忽忽矣若之何？岁已寒矣，而役不罢，惙惙矣如之何？"

唱着唱着，禁不住泪流满面，一些忠臣义士也一个个随之掉下了热泪。酒酣耳热的齐景公见此情景，才震惊、醒悟，下令停止了这一工程。

又有一次，齐景公病了。他以为这是上天对他的惩罚，要大臣祈祷上天。晏婴又引经据典，劝他将祈祷上苍改为实行德政，薄敛减赋。也巧，景公准了他的奏请不久，大病竟然好了。从此，他对晏婴更加信任，而晏婴对他的劝谏也更多，更及时，更直率。

有一年，阴雨连绵，齐国都城附近百姓的房子倒塌了许多，无数人无家可归，缺吃少穿，眼巴巴期待着朝廷救济。而齐景公却对此视而不见，听而不闻，依旧饮酒作乐，甚至派人到处去找能歌善舞的人陪酒助兴。晏婴得知后，先将自己家中的器具、粮食分给灾民，然后去见齐景公，说："现在雨水成灾，百姓饥寒交迫，而您却日夜享乐不去救灾。您的马吃着国家粮仓里的粮食，您的狗吃着一般人家经年舍不得吃的肉，您的宫女们天天都在大吃大喝，而您的百姓却在啼饥号寒。如此下去，百姓们就不愿意再拥戴您这样的国君了！"齐景公一听，连忙派人去了解灾情，发放救济物品。

此后不久，晏婴陪伴齐景公外出，见他对田野路边一具具冻饿而死的尸体漠不关心，就说："当年，桓公看见饥饿的人便给粮食，看见有病的人便给钱看病，而您却对百姓冻饿而死不痛惜。如此下去，百姓就会离心离德，去拥戴别人做齐国的君主了！"齐景公这才连连认错，并下令掩埋死尸，发放粮食，减免赋税徭役。

◎故事感悟

在专制的社会里，统治者的思想和言行在很大程度上决定着劳动人民的命运。晏子身处高位，却时时刻刻想着百姓，尽其所能极力向国君进谏，甚至是犯言直谏，促使国君取消了一些苛政，采取了一些有利于人民的治国之策。作为古代的一位官员，居庙堂之高，却时刻不忘忧民，令人敬佩。

◎史海撷英

晏子折冲樽俎

　　春秋中期，诸侯纷立，战乱不息，中原的强国晋国谋划攻打齐国。为了探清齐国的形势，便派大夫范昭出使齐国。齐景公以盛宴款待范昭。席间，正值酒酣耳热，均有几分醉意之时，范昭借酒劲向齐景公说："请您给我一杯酒喝吧！"景公回头告诉左右侍臣道："把酒倒在我的杯中给客人。"范昭接过侍臣递给的酒，一饮而尽。晏婴在一旁把这一切看在眼中，厉声命令侍臣道："快扔掉这个酒杯，为主公再换一个。"依照当时的礼节，在酒席之上，君臣应是各自用个人的酒杯。范昭用景公的酒杯喝酒违反了这个礼节，是对齐国国君的不敬，范昭是故意这样做的，目的在于试探对方的反应如何，但还是被晏婴识破了。

　　范昭回国后，向晋平公报告说："现在还不是攻打齐国的时候，我试探了一下齐国君臣的反应，结果让晏婴识破了。"范昭认为齐国有这样的贤臣，现在去攻打齐国，绝对没有胜利的把握，晋平公因而放弃了攻打齐国的打算。孔子称赞晏婴的外交表现说："不出樽俎之间，而折冲千里之外。"正是对晏子机敏有谋的恰当评价。

◎文苑拾萃

闲昧

（南宋）陆游

身似枯禅谢世尘，岂容收敛强冠巾。
庾郎三韭不妨饱，晏子一裘何恨贫？
栖冷每怜鸡唱早，云开初见月痕新。
闲中有味君知否，熊掌驼峰未是珍。

"桃李不言，下自成蹊"

◎仁者爱人，有礼者敬人。——孟子

> 李广（？—前119年），陇西成纪（今甘肃静宁西南）人，西汉名将。汉文帝十四年（前166年）从军击匈奴，因功为中郎。多次跟随文帝射猎，格杀猛兽。景帝时，先后任北部边域七郡太守，以打硬仗而闻名。武帝即位，召为中央宫卫尉。后任右北平郡（治平刚县，今内蒙古宁城西南）太守。匈奴畏服，称之为飞将军，数年不敢来犯。元狩四年，漠北之战中，李广任前将军，因迷失道路，未能参战，愤愧自杀。

李广是在汉朝同匈奴的长期战争中涌现出来的著名将领。他历事文、景、武三代皇帝，一生身经百战，出生入死，饱经风霜，功绩昭著。他长期驻守汉朝边郡，对维护国家安全、保卫社会经济发展等方面作出了重要的贡献。

李广为人正直，诚实宽厚，又拙于辞令，寡言少语，像个普普通通的农夫。

李广治军以简易著称。他行军时，没有严格的编制和行阵；驻扎时，也往往选择水草肥美的地方；同时他又简化文书簿册等烦琐事务，使部下人人感到方便。平时，他关心部下，体贴士卒，"饮食与士共之"。凡是皇帝赏给他的东西，他往往发给士卒，绝甘分少，共同享用。他一生担任"二千石"以上的官职将近四十年，但是他家无长物，也从来不谈论家产的事。在行军作战时，队伍走到粮食断绝、饮水缺乏的地方，一遇到水源，士卒们不人人喝到，他就滴水不沾；一旦有了食物，士卒们不个个吃上，他就一口不尝。正因为李广对部下宽厚仁爱，从不过于苛求，所以他生前深受士卒爱戴，死后人人为他致哀。

李广能骑善射，武艺超群，又有机智勇敢、顽强无畏的战斗作风。在战场上，他身先士卒，置生死于度外。不论战斗多么紧张，形势多么急迫，他总是沉着应战。对方不走到数十步之内，自己没有百发百中的把握，他决不轻易射箭。要射就要箭不虚发，让对方应声倒地。在他经历的几次主要战斗中，虽然往往处于非常不利的地位，不是以寡敌众，以弱战强，就是被围遇险，甚至只身就擒。但是，经过他的主观努力，又往往能化险为夷，争取到出人意料的较好结局。这除了李广本人的才干之外，主要是士卒们爱戴他，乐于为他效力。

著名的史学家司马迁在《史记·李将军列传》中，曾引用古人的话发表议论说："'其身正，不令而行；其身不正，虽令不从。'其李将军之谓也！"这段话的意思是说，那些为人正直的长官，即使他不下命令，人家也会高高兴兴地主动去做；那些自身不正的长官，即使他三令五申，人家也不会听他的。这种"其身正，不令而行"的人，指的就是李广吧！

司马迁还借用"桃李不言，下自成蹊"的谚语，来赞扬李广的为人和品格。这个谚语的意思是说，桃树李树虽然不会吹嘘自己的果实多么好吃，但是人们照样会去主动摘取。久而久之，在桃树李树的下面，便自然而然地走出一条路来。透过这个形象生动的比喻，我们可以看出，司马迁对李广是相当推崇的。

在汉以后的文学作品中，也常常把李广作为理想中的英雄来加以颂扬。如唐代诗人王昌龄（约698—756年）的《出塞》诗写道：

秦时明月汉时关，万里长征人未还。

但使龙城飞将在，不教胡马度阴山。

边塞诗人高适（约706—765年）的《燕歌行》中，也有"君不见沙场征战苦，至今犹忆李将军"这样的名句。这些诗不仅表达了诗人们对李广的缅怀和忧国忧民的思想感情，而且生动地反映了李广在历史上的名望和影响。

◎故事感悟

　　李广将军对于敌人来说是克星。擅长纵马奔驰的匈奴人都称之为"飞将军"，不敢侵扰他驻扎的地方，将军的勇武由此可见。但对于自己的士兵，他又有着满腔热情。他不以地位自骄，与士兵同甘共苦，处处考虑到士兵，所以他赢得了广大士兵的热爱，团结一致，打了不少胜仗。在李广身上，集中体现了仁人志士的风范。他不仅赢得了当时人的尊重，也赢得了无数后人的尊重。

◎史海撷英

"飞将军"

　　公元前137年，李广率军出雁门关，被成倍的匈奴大军包围，李广终因寡不敌众而受伤被俘。匈奴单于久仰李广威名，命令手下"得李广必生致之"。匈奴骑兵便把当时受伤得病的李广放在两匹马中间，让他躺在用绳子结成的网袋里。走了十多里路，李广装死，斜眼瞧见他旁边有个匈奴少年骑着一匹好马，李广突然一跃，跳上匈奴少年的战马，把少年推下马，摘下他的弓箭，策马扬鞭向南奔驰。匈奴骑兵数百人紧紧追赶。李广边跑边射杀追兵，终于逃脱，收集余部回到了京师。这正是匈奴称其为"飞将军"的由来。

◎文苑拾萃

燕歌行

（唐）高适

汉家烟尘在东北，汉将辞家破残贼。
男儿本自重横行，天子非常赐颜色。
拟金伐鼓下榆关，旌旗逶迤碣石间。
校尉羽书飞瀚海，单于猎火照狼山。

山川萧条极边土，胡骑凭陵杂风雨。

战士军前半死生，美人帐下犹歌舞。

大漠穷秋塞草腓，孤城落日斗兵稀。

身当恩遇常轻敌，力尽关山未解围。

铁衣远戍辛勤久，玉箸应啼别离后。

少妇城南欲断肠，征人蓟北空回首。

边风飘摇那可度，绝域苍茫更何有。

杀气三时作阵云，寒声一夜传刁斗。

相看白刃血纷纷，死节从来岂顾勋。

君不见沙场征战苦，至今犹忆李将军。

赏析：

这是一首著名的边塞诗歌。唐朝国力强盛，疆域辽阔，内地与边疆各民族在政治、军事、经济和文化方面交往密切。由于边事增加，不免战争频繁。

盛唐时文人们热衷功名，渴望施展才华和抱负，很多人投身军旅寻找出路，由此促进了边塞诗创作的繁荣。

这首边塞诗的创作内容很广泛：有歌颂进取、抒发报国之情的；有反映边塞战争生活的；有抒发不满现实的情绪的；有写军旅生活的种种体验的；有抒发征人、思妇的离愁别绪的；也有描绘边塞风光、异域风情的。

边塞诗的艺术特点是：格调雄浑豪放、慷慨悲凉，境界阔大、雄奇壮美，有着浓厚的浪漫主义气息。

高适是其中有影响的代表人物之一。

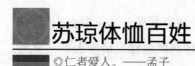

苏琼体恤百姓

◎仁者爱人。——孟子

苏琼（生卒年不详），字珍之，长乐（今河南濮阳西）人。历任东荆州长流参军、并州刑狱参军、南清河郡太守和廷尉正、徐州行台左丞、大理卿等职，北齐灭亡后出仕北周，任博陵太守。卒于隋文帝开皇初。

据《北齐书》记载，苏琼任南清河太守时，裴献伯为济州刺史，南清河郡隶属于济州。裴献伯重用刑法，很严酷；而苏琼则施行恩惠，抚育百姓，即"以义养民"，能够体恤百姓。

北齐文宣帝在位时，苏琼所辖管的郡发生了大水灾，老百姓断绝了粮食的有一千多家。为解燃眉之急，苏琼将郡中有粮的人家都集中到了一起，亲自向他们借粮来分给饥民。但州里却依旧按户来征收租赋，并追查苏琼向富粮户借粮的事。

为此，郡里统管征收赋税的属吏对苏琼说："您怜惜饥民本来是件很好的事情，但恐怕会使您受到连累。"苏琼当即表示："我一人获罪，而能救活千户人家，没有什么可抱怨的！"接着，他上表朝廷，讲明了情况。此后，州里没再来征税，也没再追查他向富家借粮的事，使百姓们平平安安度过了灾年。为此，一些灾民都告诉孩子："是苏太守救了你的命！"

在苏琼上任之前有一个规定：淮河两岸之间是封锁禁渡的，不准商人过河贩卖。淮南地区受灾时，苏琼上表请示朝廷，废除了这一制度，准许淮南人到淮北买粮；后来淮北闹饥荒，他又请求允许淮北人到淮南籴粮。于是，淮河开禁，两岸的商人开始自由往来，彼此互通丰歉，使货物得以流通，两岸百姓大受其益。

苏琼在南清河郡为政6年，百姓生活安乐，没有屈冤，从来没有人到州里去告状。鉴于此，州里曾前后四次上表，说苏琼政绩最佳，请求表彰、重用；朝中大臣也对他颇为赞赏，尚书辛述就称他"既直且正"。

◎故事感悟

南北朝时期社会动荡，战乱频繁，百姓生活苦不堪言。苏琼作为一方官员，以使百姓安居乐业为己任。为拯救灾民，他将个人前途、安危置之度外，处处以民为先。在那个动荡的社会里，他的仁爱对人们来说显得尤其珍贵。

◎史海撷英

苏琼三悬

南北朝北齐年间，苏琼受命担任清河太守。当时郡内官吏腐化，贪污送礼之风盛行。苏琼上任伊始，即向全郡告示，不接受任何名目的馈赠。不日，属下府丞送他鲜鱼，苏琼接受后悬挂在门边。府丞再送，苏琼仍将鱼挂上以示谢绝之意。时郡内有一80余岁赵姓老者，仗着年纪大又以鲜鱼相送，苏琼仍将鱼挂在门梁，始终不吃。之后，但凡有送礼者，苏琼均以门梁的悬鱼相拒，以示不受之决心。后再也无人送礼给他，整个郡内贿送之风大大收敛。

◎文苑拾萃

《北齐书》

唐代李百药撰，它虽以记载北朝北齐的历史为主，但实际上记述了从高欢起兵到北齐灭亡前后约80年的历史，集中反映了东魏、北齐王朝的盛衰兴亡。

　　《北齐书》贯彻了以史为鉴的宗旨。李百药自身经历过朝代更迭之时的盛衰变化，对于总结政治得失的经验教训是很有一些看法的。他在书中集中揭露了以高洋为代表的北齐统治者的淫逸残暴，总结了北齐灭亡的教训。书中关于思想文化方面的记载也较为丰富，为后人保存了珍贵的史料。

姚崇灭蝗惠民

◎仁人之所以为事者，必兴天下之利，除天下之害。——墨子

姚崇（650—721年），字元之，祖籍江苏吴兴。因先辈世代在陕州为官，遂定居陕州硖石（今属陕县硖石乡）。自幼受父影响，孜孜好学，胸怀大志。长大入朝论政，对答如流，且下笔成章，得到武则天的赏识，初拜侍郎（四品官），后连续升迁，成为武则天、唐睿宗（李旦）、唐玄宗（李隆基）三朝宰相，是中国历史上一位杰出的政治家。姚崇一生不敬神，不信鬼，不以官高而凌下，不以位尊而专横。虽多次被贬斥，仍能赤胆忠心，敢言直谏，视天下为己任，深受后人敬仰。

唐玄宗即位后，想任命姚崇为相。姚崇向玄宗提出了10项改革建议，并说只有皇帝答应才肯为相。这些建议中，第一项是"施政应以仁义为先"，第二项是"数十年不求边功"，第五项是杜绝一切苛捐杂税，第七项是禁止建造寺观宫殿。

在唐代，佛教盛行全国。特别是中宗以来，达官贵人、豪绅富户都纷纷营造佛寺，"度人为僧无穷，免租庸者达数十万"。这股寺院地主势力的形成，大大加重了百姓负担，也造成了国家财政的日趋枯竭。为此，姚崇上疏玄宗，请求裁减和尚。他说："佛不在外，悟之于心。行事利益，使苍生安稳，是谓佛理。"接着，又以大量的历史事实说明只知信佛的危害性。玄宗信以为然，遂下令裁僧尼三万人，令他们还俗从事生产；并禁止新造佛寺等等。

开元三年（715年），山东、河南等地闹蝗灾。据说，当时蝗虫多得飞起来几乎遮天蔽日，停下来密密麻麻，将禾苗吃得干干净净。由于当时

人们长期受迷信思想的影响，都认为这是"天灾"，只有上天开恩才能禳祸。所以，眼睁睁地"坐视食苗不敢扑，只求上天降吉祥"。消息传到朝堂，文武百官也一筹莫展；唯有姚崇上疏，主张扑杀蝗虫。为消除皇帝疑虑，姚崇还坚决表示："陛下好生恶杀，此事请不烦出敕，乞容臣出牒处分。若除不得，臣在身官爵，并请消除！"玄宗见他这般态度，才下了扑蝗的决心。

接着，姚崇下令各地官员带领百姓去灭蝗；还特派御史，取名"扑蝗使"，分赴各地，前去督办。这时，有个迷信的地方官跳了出来。他不但不欢迎"扑蝗使"，不组织灭蝗，还给皇帝写了个奏章，说蝗灾是上天对人的惩罚，不是人力所能灭除的。并劝皇上多做有德行的事，尽快感动上天，请上天把蝗虫收回去。姚崇看罢奏章，气愤异常，当即给他写信说："如果多做有德行的事就能解除蝗灾，那么，你管辖的地方出了那么多蝗虫，不正说明你没有德行吗？目前，你眼看着禾苗被蝗虫吃掉而不管，将来闹起饥荒，你又当如何？"这个官员见信后胆战心惊，再也顾不得上天怪罪不怪罪，连忙发动百姓去灭蝗，并在几天内消灭蝗虫十四万只之多。

接着，京城有位名叫卢怀慎的官员又说："外面的人议论纷纷，说蝗虫杀得太多了，恐怕会得罪上天。"劝姚崇手下留情。姚崇毫不动摇，坦率地说："若如此会招来灾祸，那么，我一个人承担就是了！"

由于姚崇及时采取了正确的措施，山东等地"蝗虫渐止息"，避免了一场大灾荒。

◎故事感悟

姚崇因其德才得到唐玄宗的重视，要任命他为相。而他却要皇帝答应10项利国利民之事才肯为相，此等胸怀、仁义足以光照千古。灾害发生，他不信鬼神，不怕流言，斥责迷信，坚决主张灭蝗，避免了一场大灾，保护了民生，对国对民的赤胆忠心昭然可见。

◎史海撷英

李隆基诛杀太平公主

唐玄宗先天元年(712年)八月,唐睿宗李旦把皇位禅让给太子李隆基,他自己做太上皇。然而他的妹妹太平公主对哥哥的做法十分不满。太平公主政治野心很大。由于李旦生性懦弱、淡泊,她可以利用李旦的手足之情,专擅朝政,朝中七位宰相之中,就有五位出自她的门下。而李隆基即位对她很有威胁,她不甘心失去手中的权力,甚至想效仿其母武则天称帝,就和亲信左仆射兼御史大夫窦怀贞、侍中岑羲、中书令萧至忠、检校中书令崔湜以及太子少保薛稷、新兴王李晋、左羽林大将军常元楷、知右羽林将军事李慈、左金吾将军李钦、中书舍人李猷、右散骑常侍贾膺福等人合谋,企图废黜李隆基。

她首先与宫女元氏暗中策划,准备在进献给李隆基的药物中投毒。李隆基和她的姑母关系已到了最后关头。中书侍郎王琚提醒李隆基说:"形势危急,先下手为强!"

尚书左丞张说从东都洛阳派人给李隆基送来一把佩刀。李隆基接过佩刀,仔细看了看,他明白张说是劝他早做决断,铲除太平公主。

荆州长史崔日用也劝说道:"太平公主图谋叛逆,由来已久。陛下是天下之主,不能再迁就她啦。"

李隆基忧虑地说:"就怕……就怕惊动太上皇。"

"天子最大的孝顺在于使四海安宁。如果奸党得逞,江山化为废墟,陛下的孝行又怎么体现呢?"

"你说得对!"

"陛下先控制左右羽林军和左右万骑军,然后将太平公主一网打尽,这样就不会惊动太上皇了。"

李隆基默默地点点头。

太平公主预谋在七月初四发动叛乱。侍中魏知古向李隆基告发了她的计划。李隆基马上调动皇宫卫兵300多人从武德殿进入虔化门,召见常元楷和李慈二人,当场将他们斩首。接着,他在内客省逮捕了贾膺福和李猷,在朝堂上逮捕了萧至忠和岑羲，将他们一并杀死。窦怀贞跳到水沟里自杀身亡。

李隆基本想给崔湜一个立功赎罪的机会，在采取行动之前，召见他。崔湜的弟弟对他说，"这是你最后的一次机会，无论主上问你什么，你都不要隐瞒。"

崔湜不听。

窦怀贞等人败亡后，崔湜被流放到窦州。李晋临刑时喊道："冤枉啊！崔湜是主谋，我被处死，他反而保全性命，这不是天大的冤枉吗？"

他的话引起了李隆基的注意。这时官女元氏也供出崔湜是投毒谋害李隆基的主谋。李隆基这才下诏在流放途中将崔湜赐死。

太上皇李旦听到事变的消息，急忙登上承天门的门楼观望。兵部尚书郭元振在旁边说："不必担心，主上只是奉太上皇的命令诛杀奸臣逆党，没有其他的事。"

李旦听罢，也没有说什么，只是移居百福殿，修身养性，继续过他的悠闲生活。

太平公主逃进山上的寺院，可她从小娇惯，受不了外面的清苦生活，三天以后，她又从寺院里逃回来。李隆基下诏在她家里赐她死。至此，李隆基的皇位才稳定下来。

◎文苑拾萃

秋夜望月

（唐）姚崇

明月有余鉴，羁人殊未安。
桂含秋树晚，波入夜池寒。
灼灼云枝净，光光草露团。
所思迷所在，长望独长叹。

郭子仪心系百姓

◎爱人利物之谓仁。——庄子

> 郭子仪（697—781年），祖籍山西汾阳，生于华州郑县（今陕西华县）。唐代著名的军事家。武举出身，高7尺3寸，勇武不凡。安史之乱时任朔方节度使，在河北打败史思明。后联合回纥收复洛阳、长安两京，功居平乱之首，晋为中书令，封汾阳郡王。代宗时，叛将仆固怀恩勾引吐蕃、回纥进犯关中地区，郭子仪采取了结盟回纥、打击吐蕃的正确策略，保卫了国家的安宁。郭子仪戎马一生，屡建奇功，以八十四岁的高龄才告别沙场。天下因有他而获得安宁达20多年。

郭子仪一向爱兵如子，对士卒从来不打骂、训斥。但是，他军纪甚严，不许官兵无事时在大营中骑马奔驰，不许倚仗"郭家军"的威名傲慢无礼，更不许部下侵犯老百姓的利益。因此，在他数十年的南征北战中，无论在哪里，都深受百姓的欢迎和拥护。

天下太平后，郭子仪依旧关心百姓疾苦。当时，皇亲国戚和贵族官僚大都住在京城长安。长安城北有一条河叫泾水，水量较足。不少豪门贵族为磨胭脂作为女人的化妆品，都在泾水的白渠上修了些以水为动力的石碾。这种石碾最多时竟达八十余处。其中，也有郭子仪六子郭暧和升平公主的。

大历末年（779年）春，天旱少雨，长安城郊大片农田亟待白渠水灌溉。但是，有限的泾水为石碾所阻，无法灌溉，百姓苦不堪言。京兆尹黎干见这些石碾都是权贵之家所修，不敢下令拆除，天天急得团团转。郭子仪获悉此情，立刻叫来郭暧，并令他向公主晓之以理，率先拆除石碾，为众人作个榜样。

第二天，郭暖和升平公主便派人拆去了自己家的石碾。众豪门一见，只好也动手，不几日便把泾水上的八十余处石碾全都拆掉了。京兆尹黎干十分高兴，百姓们更是高兴，非常感谢郭子仪的恩德。

◎故事感悟

郭子仪作为一代名将，有再造山河之功，但他位尊而不骄，爱护士卒，更关怀百姓。拆除石碾、维护水利，严于律己，率先为众人作出榜样，表现了自己的一腔爱民之心。

◎史海撷英

郭子仪收复两京

京城长安是唐朝政治、经济和文化的中心。洛阳是陪都，在政治和军事上也很重要。安禄山叛军占领长安、洛阳后，整个局势急转直下，朝廷危在旦夕。收复两京对挽救危局具有重大的政治意义。郭子仪认为要收复两京，必须先夺潼关，攻入陕州（今河南陕县），击溃潼、陕之间的叛军，截断叛军的后路，然后才能直取长安。贼将崔乾祐据守潼关。郭子仪在潼关大破贼兵，收复陕郡的永丰仓。公元757年，叛军发生内讧，郭子仪与广平王李豫率官军及所借回纥军收复长安。唐军乘胜东进，与叛军在新店（河南省郏县西）发生战斗，郭子仪用计大败叛军。驻洛阳的安庆绪弃城北走，官军一举收复洛阳。

范仲淹慷慨济困

◎免人之死，解人之难，救人之患，济人之急者，德
也。——《六韬》

范仲淹（989—1052年），字希文。北宋著名政治家、思想家、军事家、文学家。苏州吴县（今属江苏）人。幼孤，曾随母改嫁，改姓朱。大中祥符八年（1015年）考中进士，复本姓。历任秘阁校理、权知开封府、知饶州、润州、越州等官，并任陕西帅臣。庆历三年（1043年）召为枢密副使，旋改参政知事，行"庆历新政"，二年后失败离京。卒谥文正。

他的名句"先天下之忧而忧，后天下之乐而乐"，至今广为传诵。有《范文正公文集》传世。

北宋大中祥符八年（1015年），26岁的范仲淹以其渊博的学识考中了进士，被授广德军司理参军。从此，他步入仕途，开始了除弊兴利、报国济民的征程。

天圣二年（1024年），范仲淹官任泰州兴化（今属江苏）县令。他见附近沿海一带经常遭受潮水侵袭，严重威胁着百姓的生命财产的安全，便专门求见江淮制置发运副使张纶，建议修海堤，得到了他的大力支持。于是，他调集泰州、通州（今江苏南通市）、楚州（今江苏淮安）和海州（今江苏连云港西南）四州民工4万多人，用近4年的时间修筑了一道长达180里的大堤。从此，这一带避免了海潮的危害，流亡在外的2600多户人家重返家园。当地人十分感念他的恩德，把那道海堤称为"范公堤"。

明道二年（1033年），蝗灾、旱灾蔓延全国，淮河两岸最为严重。时任

谏官的范仲淹奏请朝廷视察灾情，赈济灾民。但几日过后，竟杳然无音。他义愤填膺，冒着杀身的危险质问皇帝："宫中的人如果半天不吃饭，将会怎么样？而江淮百姓一连许久没饭吃，哪能熟视无睹呢？"皇帝无言以对，只好派他前去赈灾。

他日夜兼程赶到了灾区，马上"开仓廪赈乏绝"，还调拨江南稻米、豌豆50万石北运沂、密、济、徐、兖等重灾区，发放官钱及地主富商的钱谷于民，并率领灾区百姓开展生产自救。

与此同时，他还针对"瘟疫流行，死者相枕藉"的状况遍设医疗诊所，为病者免费提供医药、治疗，对死者及时收葬。待完成使命回京时，又特意将饥民所吃的一种"乌味草"带回京，献给皇帝，请他传示六宫贵戚，以规劝他们体察民情，力戒侈奢。

景祐元年（1034年），范仲淹徙苏州。他发现那儿水利失修，河道淤塞，经常"湖溢江壅"，"田多水患"，数万户农民挣扎在死亡线上，又立即奏请朝廷复修苏州水利工程。

当皇帝准奏后，他亲临工地，造庐舍于野外，过家门而不入。经过近一年的苦干，开通了五条河，将积水疏导入海，使苏州成为旱涝保收的大粮仓。

范仲淹无论在何时何地，只要遇到贫困者，总是慷慨相助。

在范仲淹担任邠州（今陕西彬县）太守时，有一天他约同僚登楼饮酒赋诗。宴会尚未开始，突然听到远处传来一阵哀哭声。经了解，方知是有位名叫吴遵路的小官，由于廉洁奉公，死后竟"家无衣物，无以葬"。他当即撤席，飞马回府，拿出自己的积蓄帮助安葬了死者。

范仲淹在淮阳做官时，有一天，一位走投无路的穷秀才慕名前去求见他，希望他能够给予资助。范仲淹见他衣衫破旧却文质彬彬，情不自禁地想起了自己的身世。随后，不仅赠他钱财，还帮他谋职。那位秀才从此解除了后顾之忧，学习更加刻苦，很快成为了著名学者。接着，他被朝廷起用，官职也不断升迁，一直升为国子监直讲，即最高学府的教官。他便是世称"泰山先

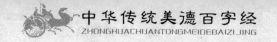
生"的北宋大儒孙复。

范仲淹曾在苏州买了一块宅基地准备盖房，一位风水先生看过后，高兴地告诉他：这里是块风水宝地，"当世出卿相"。范仲淹听后，立刻将这块地捐献出来建学校。时人不解，问他，他表示："诚有之，不敢以私一家！"

在施惠百姓的同时，范仲淹对贪官污吏、土豪恶绅毫不手软。在他担任宰相时，曾一次罢免了一大批不称职的官吏，有的还被绳之以法。当时，有位大官劝他说："一笔勾掉一个人的名字很容易，可是他的一家人都得哭了！"范仲淹回答说："一家哭怎么能比得上一路哭啊！"（宋代的"路"相当于今日的省）

◎故事感悟

范仲淹从小立志济天下苍生，入仕途后，他实践了自己的志愿。无论在何地任职，都一心为百姓兴利除弊，事事亲力亲为，令人赞叹。他对那些贫苦者的无私帮助也同样体现了他的仁爱之心。"达者无不可，忘己爱苍生"，用这句话来评价范仲淹是最恰当不过了。

◎史海撷英

范仲淹绘《百官图》

仁宗时，宰相吕夷简广开后门，滥用私人，朝中腐败不堪。范仲淹根据调查，绘制了一张《百官图》，在景祐三年（1036年）呈给仁宗。他指着图中开列的众官调升情况，对宰相用人制度提出了尖锐的批评。吕夷简不甘示弱，反讥范仲淹迂腐。范仲淹便连上四章，论斥吕夷简狡诈。吕夷简更诬蔑范仲淹勾结朋党，离间君臣。最终，范仲淹被不明真相的仁宗贬斥饶州。这次送行范仲淹的亲朋已寥寥无几，但正直的王质却扶病载酒而来，并说道："范君此行，尤为光耀！"

苏幕遮

（宋）范仲淹

碧云天，黄叶地。秋色连波，波上寒烟翠。

山映斜阳天接水，芳草无情，更在斜阳外。

黯乡魂，追旅思。夜夜除非，好梦留人睡。

明月楼高休独倚，酒入愁肠，化作相思泪。

王安石勤政爱民

◎民吾同胞，物吾与也。——张载

王安石（1021—1086年），字介甫，号半山，封荆国公。临川（今江西省抚州市区荆公路邓家巷）人。北宋杰出的政治家、思想家、文学家、改革家。庆历二年（1042年）考取进士第四名。治平四年（1067年）神宗初即位，诏王安石知江宁府，旋召为翰林学士。熙宁二年（1069年）提为参知政事，从熙宁三年起，两度任同中书门下平章事，推行新法。熙宁九年（1076年）罢相后，隐居，病死于江宁（今江苏南京市）钟山，谥号"文"，又称王文公。

庆历三年（1043年）春，23岁的王安石考中进士，从此步入仕途。由于他学富五车，极有才干，按宋制完全可以进入史馆、昭文馆、秘阁中任职。这也是一般士大夫为了飞黄腾达而求之不得的职位。但王安石不走这条路，他希望在地方做官。经过争取，庆历七年（1047年）他担任了鄞县知县。

当时，鄞县地区跨江近海，水资源十分丰富。但由于水利失修，江水白白地流进了大海。一旦久旱不雨，百姓便叫苦连天。王安石一到任，马上决定大兴水利。他发动百姓利用冬闲时间建造堤堰，修整陂塘，浚治川渠，并亲自到各地督促检查。结果，两年多的时间便取得了显著成效。

其间，王安石还发现每年青黄不接时许多人家断粮，因此不得不忍受高利贷者的盘剥。于是，他又决定将官粮以低息贷给贫苦百姓，约定秋收后归还新粮。这一举措，也深受百姓们的欢迎。

王安石在鄞县任满后，曾先后调任舒州通判、群牧司通判、群牧司判官和常州知州。嘉祐三年（1058年），又担任了江南东路提典刑狱。不久，他发现现行的榷茶法存在严重的弊端：官卖的茶叶，质劣且贵，老百姓买不起。为此，他上书仁宗皇帝，请求废除榷茶法，而改为商人运销、官府抽税的办法。如此一来，既增加了政府的收入，又方便了天下百姓，深受朝野称赞。

在担任江南东路提典刑狱时，王安石的夫人曾为王安石买了一位小妾，王安石很不高兴。当了解到那女人的丈夫是为了偿还债务，被迫以九百贯钱将她卖掉时，王安石更为不安。他马上将她退回，连已付的九百贯钱也不要了。

王安石在地方任职长达十六年。其间，还为百姓办了许多好事、实事，诸如"兴学校"、"严保伍"等等。后来，他总结了十六年的工作经验，针对社会时弊和民间疾苦，写了洋洋万言的《上仁宗皇帝言事书》，提出以"法先王"为号召的改革方案。但由于仁宗暮气太重，英宗又在位太短，《言事书》未能受到应有的重视。直到宋神宗赵顼即位后，才采纳了他的建议，并任命他为相，支持他推行新法。

◎故事感悟

王安石不愿在朝为官，更愿意在地方做官，以亲民爱民，积累政治经验。在地方，他事事从实际出发，兴利除弊，使社会生产得以恢复发展，人民得到实惠。他的仁爱不是表现在言语，而是用实实在在的善举为民谋利，这才是真正的仁爱。

◎史海撷英

王安石的革新思想

为了给变法确立理论根据并反击守旧派，王安石提出"天变不足畏"，"尚变者，天道也"，用"新故相除"的进化观点驳斥了守旧派的"道不可变"的形而上学论调。同时又公然提出"祖宗不足法"，认为"祖宗之法，未必尽善，可革则革，不足循守"。在变法的过程中，他更设置专局，使子芳及门人修撰《诗》《书》《周官》三经新义，对新政从理论上加以解释与阐发，并通过政府力量作为

学校诵习的定本，被称为"新学"，直接或间接为推行新法服务。上述这些思想，具有一定的进步意义。

◎文苑拾萃

桂枝香·金陵怀古

（宋）王安石

登临送目，

正故国晚秋，

天气初肃。

千里澄江似练，

翠峰如簇。

归帆去棹斜阳里，

背西风，

酒旗斜矗。

彩舟云淡，

星河鹭起，

画图难足。

念往昔，

繁华竞逐，

叹门外楼头，

悲恨相续。

千古凭高对此，

漫嗟荣辱。

六朝旧事随流水，

但寒烟衰草凝绿。

至今商女，

时时犹唱，

《后庭》遗曲。

宗泽爱民爱兵为报国

◎凡是人，皆须爱，天同覆，地同载。——李毓秀

宗泽（1060—1128年），字汝霖。浙江义乌人，宋代抗金派大臣。北宋元祐六年（1091年）应进士试，对策陈时弊，考官恶其直言，抑为"同进士出身"录取。靖康元年（1126年）任磁州知州。时金兵入侵，宗泽积极备战，抵抗敌人。建炎元年（1127年）六月，泽以70高龄任东京留守，知开封府，招聚义兵近200万，分署京郊16县，与金兵隔黄河对峙。从七月起，连上疏24次，力劝宋高宗还京，以图恢复北方失地，均为奸佞所阻。宗泽忧愤成疾，临终前不停地念诵杜甫名句"出师未捷身先死，长使英雄泪满襟"，最后连呼"渡河！渡河！渡河！"而逝。后南宋朝廷赠宗泽观文殿学士，通议大夫，赐谥忠简。

宗泽是北宋末年的官员，他一向清廉无私，勤政爱民，无论在哪儿做官都坚持"为官一任，造福一方"，因此深受百姓的拥护和爱戴。

在他就任馆陶县尉那一年，适逢朝廷征发民工大开御河。因当时正值隆冬，御河冰冻三尺，根本无法动手。许多人冻卧道旁，身患重病，随时受到死亡的威胁。宗泽发现这一情况后，立即请求上司将开工时间推迟到次年初春。由于他的极力争取，使当地百姓避免了一次灾难。

在龙游，宗泽发现老百姓大都不识字，其子弟也缺乏读书的环境和条件，便特地为他们建立了学校，鼓励大家入校学习。从此，当地人渐渐重视起教育来，考中科举的人也不断出现。

在登州，境内有官田数百顷，全是些不毛之地，但每年都要交税一万多

缗。历任地方官都将这笔税金强加在当地百姓身上，致使百姓苦不堪言。宗泽又从实际出发，及时请求朝廷免除了这项征敛，从而大大减轻了百姓的负担。

后来，金军南侵，国难当头，许多官员都托故不去河北前线担任地方官。但宗泽却说："食禄而避难，不可也。"随后，他毅然就任了磁州（今河北磁县）太守，并在那儿"缮城壁，浚隍池，治器械，募义勇"，积极开展抗金斗争。宗泽年近七十岁时被任命为宋军副元帅，不久，又兼任了东京留守和开封府尹。

宗泽虽然身居高位，却一向"自奉甚薄"，平日衣食与士兵几乎没有差别。他经常深入士兵中间，了解他们的生活和训练情况，及时解决存在的问题。每次出兵作战之前，他总是谆谆告诫他们：既要敢战，又要善战，万不可麻痹大意。每当将士凯旋，他又亲自前去犒赏慰劳，并将缴获的金、帛、牛、马分赏给他们。对死难将士的家属，他一一派人抚恤。部将张某在滑州战役牺牲后，他还亲自为其料理丧事。他常常用自己的俸禄接济那些家中贫困的士兵；他一生收养的抗金将士的遗孤多达100多人。

宗泽爱兵如子，平易近人，所以善于从部属中发现人才和提拔人才。著名的抗金英雄岳飞就是在宗泽手下成长起来的。此外，抗金将领杨再兴、李贵等人，也都受过宗泽的关爱和提携。

◎故事感悟

宗泽自应进士考试起便勇于仗义直言，痛陈时弊。几十年中，仕途不顺，但他勤政爱民的秉性从未改变。尤其是在晚年，大敌当前，他勇赴前线，关怀、团结士兵，坚持抗敌，并得到了百余万义军的拥护。这正说明"爱人者人恒爱之"，欲成大事者，必须要有这样的爱民抚众之心。

◎史海撷英

宗泽识岳飞

岳飞当初曾在相州节度使刘光世属下当差。刘光世很欣赏他的气度和才干，唯恐他在自己手下没有广阔的用武之地，便写了一封推荐书，让他去投奔宗泽。宗泽误认为岳飞是名门财主，刘光世受了贿赂才写了这封推荐函，刚开始时对岳飞不满。但当他得知真相后，尤其是了解了岳飞的报国之志和文韬武略后，不但高兴地将他收留下来，还委以重任。不久岳飞犯法获刑，他又保释他立功赎罪。结果，岳飞带领五百骑大败金兵，名扬天下，并从此接连立下赫赫战功，迅速成为人人称道的抗金英雄。

◎文苑拾萃

感 时

（宋）宗泽

卿士辱多垒，天王愤蒙尘。

御戎要虓将，谋国须隽臣。

百战取封侯，未必亡其身。

怀奸废忠义，胡颜以为人。

吁嗟世道衰，大戮加缙绅。

平居事奔竞，梁汴分云屯。

一旦国步艰，四逊如星繁。

辅相已择栖，守令仍逾藩。

冠盖陆西窜，舳舻水南奔。

鄙夫用慨然，策马趋修门。

勤王羞尺柄，悟主期片言。

时来傥云龙，峨冠拜临轩。

逶迤上玉除，造膝伸元元。

措世于泰宁，归来守丘樊。

"但愿苍生俱饱暖"

◎但愿苍生俱饱暖，不辞辛苦出山林。——于谦

于谦（1398—1457年），字廷益，号节庵，明代名臣，抗敌英雄。官至少保，世称于少保。祖籍考城（今河南民权县），故里在今民权县程庄镇于庄村。于谦的曾祖于九思在元朝时离家到杭州做官，遂把家迁至钱塘太平里，故史载于谦为浙江钱塘人。于谦与岳飞、张煌言并称"西湖三杰"。

永乐十九年（1421年）成为进士。正统十四年（1449年）秋，瓦剌也先大举侵犯，明英宗被瓦剌俘虏，京师震动。于谦主张并领抵抗瓦剌军。景泰元年（1450年），也先请求议和，同意归还英宗。

景泰八年（1457年），将军石亨、宦官曹吉祥等，趁景帝病重，发兵拥立英宗复辟。英宗复位后，石亨和曹吉祥等诬陷于谦谋逆，将其杀害。明朝后来的统治者为于谦平反。留有《于忠肃集》。

　　明朝永乐十九年（1421年），刚过23岁的于谦就中了进士。他先后在各地任官，勤政爱民，事事亲力亲为，深得人民拥护。

　　当时西南少数民族地区屡有变乱，朝廷派年轻的于谦前去任官。在任职期间，于谦不是深居衙门，而是改换便装，亲自到瑶民、壮民等少数民族居住的地方去查访。通过和百姓们的促膝谈心，得知了官兵滥杀无辜和冒功请赏的真相。他及时向朝廷如实奏报，弹劾了那些祸国殃民的贪官污吏。

　　在江西，于谦也立足于为百姓办好事、办实事。史书记载，他通过微服私访，查明了许多冤案，先后为数百人平反昭雪。针对当地市场严重混乱的现状，他又严厉打击了那些欺行霸市的"地头蛇"，革除种种弊端。在他还朝

复命期间，百姓已为他制作了"木主"，奉祀到南昌名贤祠里。

　　在主政山西、河南两省时，于谦为了了解民情、造福百姓，经常轻车简从，日行夜宿，奔走于两省之间。他在一首诗中写道：

> 月落日未出，东方隐又明。
>
> 云连怀庆郡，雾绕泽州城。

　　怀庆府在河南，即今沁阳；泽州在山西，即今晋城。可见他是何等辛苦！

　　《明史》中也写道："谦至官，轻骑遍历所部，延访父老，察时事所宜兴革，即具疏言之，一岁凡数上，小有水旱，辄上闻。"意思是说：于谦到任后，轻装骑马走遍了所管辖的地区，访问父老，考察当时各项应该兴办或革新的事，并立即上奏朝廷。一年上疏好几次，稍有旱涝灾害，马上上报。

　　当时，河南省靠近黄河的地方常常发生洪涝灾害，给百姓带来了无限痛苦。对此，于谦提出厚筑堤坝，加强防汛。他规定五里设一亭，亭有亭长和亭卒，具体负责日常的堤岸修缮。还下令在堤上多种柳树和榆树。在官道两旁，他也要求种树、打井，以保证路人行走在树荫之间，渴时能有水喝。在山西、河南，他根据年成丰歉实行籴粜米制度。丰年，官家买老百姓的粮食然后储存起来；歉年，再把这些储备粮低价卖给老百姓。

　　他还明文规定：州县官吏任满应该提升时，储备粮达不到指标的不准离任。每年三月青黄不接时，他又令各州县上报缺粮的贫困户，然后发给他们谷物。有一年，陕西、山东的饥民纷纷流入河南，最多时竟达20万人。他命令，饥民所到之处，官府要备给田土，再给耕牛、农具、种子，按收成多寡令其纳税。结果，不仅使饥民得以安生，还保证了社会的安定和生产的发展。

　　于谦的爱民之举赢得了人民的爱戴。据说正统五年（1440年），有一天于谦从河南赶往山西，夜过太行山，突然从山中窜出一群强盗要抢劫他。当对方得知他是深得民心的于谦时，竟立即致歉，各自散去。史书上也淡及这件事，并称颂他"威惠流行，太行伏盗皆避匿"。

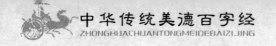

◎故事感悟

于谦为官，时时处处为百姓着想。他不辞劳苦，深入民间，善于倾听人民群众的意见，所采取的措施皆以便民、利民为目的，所以他得到了广大人民群众的爱戴。于谦的仁爱、勤奋、廉洁、正直永远值得后人敬仰和学习。

◎史海撷英

京师保卫战

正统十四年（1449年），明英宗在"土木之变"中被瓦剌军俘虏，皇弟郕王朱祁钰监国，将于谦擢为兵部尚书，全权负责筹划京师防御。当时朝廷中有些人主张向南迁都避敌，于谦挺身而出，驳斥了各种投降主义的论调，提出"社稷为重，君为轻"，坚持保卫北京，继续抗敌。九月郕王即帝位，为明景帝（代宗）。十月，也先挟持英宗破紫荆关威胁京师，于谦分遣诸将列阵九门迎敌，并亲自督战，击毙也先弟孛罗及平章卯那孩，取得京师保卫战的胜利。

◎文苑拾萃

咏煤炭

（明）于谦

凿开混沌得乌金，蓄藏阳和意最深。
爝火燃回春浩浩，洪炉照破夜沉沉。
鼎彝元赖生成力，铁石犹存死后心。
但愿苍生俱饱暖，不辞辛苦出山林。

于成龙爱民不畏艰难

◎安得广厦千万间，大庇天下寒士俱欢颜！——杜甫

> 于成龙（1617—1684年），字北溟，号于山，生活于明末清初，山西永宁（今吕梁离石）人。清顺治十八年（1661年）出仕，历任知县、知州、知府、道员、按察使、布政使、巡抚和总督、加兵部尚书、大学士等职。在20余年的宦海生涯中，他三次被举"卓异"，以卓著的政绩和廉洁刻苦的一生而深得百姓爱戴和康熙帝赞誉，以"天下廉吏第一"蜚声朝野。逝世后谥"清端"，赠太子太保。

于成龙是清初著名的廉吏。清顺治十八年，他被选任为广西罗城知县，那时他已经45岁了。人们传说广西蛮烟瘴雨，北方人不服水土，十有八九不能生还。为此，亲友们大都劝他不要去。但他认为：我已立意为民造福，哪能知难而退？于是，变卖了部分家产，凑足路费，告别父老，留下妻儿，独自带着几位仆人，毅然登上了南下的路。

于成龙到达罗城后，发现那儿的环境比想象中的更加恶劣：四面群山环绕，河流纵横，数里之内不见人烟。所谓的县城，没有城池街道，只有几处茅庐，住着数户人家。至于县衙，也无门墙，而是"插篱棘为门牖"。院内只有三间草屋。他抱着"既来之，则安之"的想法，亲自"累土为几案"，又支锅、铺床，开始了艰难的宦海生涯。

在于成龙到达罗城之初，当地还常有盗贼出没。他认为地方上的盗贼大都是些穷百姓。他们本来不愿为盗，只是饥寒刑罚所迫，才沦为盗贼。所以，他主张"勿戕民命"、"勿剥民肤"，而应该多方招抚。基于此，他采取了一系

列有效措施，很快便使不少人改邪归正。他还常常光着头，赤着脚，穿着普通百姓的服装深入到附近居民中，同他们一起劳动，一起聊天，帮他们解决一些实际困难，并通过他们向更多的人宣传自己的施政要领。百姓们见这位"县太爷"如此平易近人，都亲切地称他为"阿爷"，乐于向他说心里话。没过不久，因多年战乱和盗贼滋扰而外逃的百姓纷纷返回故里，竞相开荒种田，逐渐恢复和发展了生产。

几年之后，罗城嘉禾遍野，牛羊满山。百姓们不但不愁衣食，不少人家还盖起了新房。然而，于成龙从山西老家带来的那几位仆人却有的病死，有的逃跑，只剩下他孤零零一个人。他无怨无悔，一如当初。因政绩卓著，朝廷提升他为四川合州知州。

于成龙任合州知州时，虽然盗匪少见，但官家的"乱摊派"却成了百姓的大害。为此，他一面在自己权限内革弊布新，一面极力抵制上级的歪风邪气。有一次，郡守派人送来一张帖子，令合州进献鲜鱼。于成龙当即表示："民脂民膏都被搜刮尽了，哪还有人给他们送鱼！"说罢，写信予以拒绝，并详细陈述百姓之苦。郡守接信后，自知理亏，又深为于成龙忧民之心所感动，遂下令免去合州十多项不合理的摊派。

于成龙担任武昌、黄州知府时，吴三桂等三藩叛军已占领南方五省，与清军争夺两湖要地。这时，云集湖北的八旗禁旅搅扰地方，漏网的盗贼卷土重来，将百姓推入水深火热之中。于成龙为确保百姓利益，亲自面见清军大将，迫使八旗恶少有所收敛；接着，他又亲率招募来的乡勇入山剿匪。他一马当先，冲锋陷阵，使乡勇备受鼓舞，从而彻底捣毁了贼窝，为百姓免除了祸害。

◎故事感悟

于成龙的爱民之心不仅表现在他的"仁"：关怀百姓，安抚盗贼，更表现在他的"勇"：不惧艰苦，来到荒远之乡；为维护百姓利益，与上司据理力争；在剿匪战斗中一马当先，冲锋陷阵。在他身上，既有仁心柔肠，又有铮铮铁骨，一生都为百姓计，千古流芳。

◎史海撷英

于成龙治盗

于成龙在黄州府（今湖北黄州市）任同知四年，任知府四年。在黄州府岐亭镇一带，盗贼甚至白昼劫路伤命，严重影响了地方安定和居民正常生活。于成龙上任之初，即以郡丞身份坐镇岐亭治盗。为了摸清盗情和每一件重大盗案，他总是亲自访察。他多以"微行"的方式，扮作田夫、旅客或乞丐，到村落、田野调查疑情，从而对当地盗情了如指掌。他还特意在衣内置一布袋，专放盗贼名单，"自剧贼，偷儿踪迹无不毕具，探袋中勾捕无不得"。

对待案犯他主张慎刑，以教化为主，采取"宽严并治"和"以盗治盗"的方法，并取得了突出效果。于成龙在词讼、断狱方面也像宋朝包拯一样，铁面无私，头脑敏锐而细心，善于从一些常人忽视的细节上发现问题的症结，曾排解过许多重大疑案、悬案，使错案得到平反，被百姓呼为"于青天"。

◎文苑拾萃

赤壁怀古

（清）于成龙

赤壁临江渚，黄泥锁暮云。

至今传二赋，不复说三分。

名士惟诸葛，英雄独使君。

今朝怀古地，把酒对斜曛。

林则徐仁爱惠四方

◎人皆可以为尧舜。——孟子

> 林则徐（1785—1850年），字元抚，又字少穆、石麟，晚号俟村老人、俟村退叟、七十二峰退叟等，福建侯官（今福建省福州）人。清朝后期政治家、思想家和诗人，是中华民族抵御外辱过程中伟大的民族英雄，其主要功绩是虎门销烟。
>
> 林则徐于嘉庆九年（1804年）中举，任厦门海防同知书记，后入福建巡抚张师诚幕府。嘉庆十六年（1811年）进士，选为庶吉士，授编修。先后任江西乡试副考官、云南乡试正考官。嘉庆二十五年（1820年），任江南道监察御史转浙江杭嘉湖道，任上修海塘，兴水利，发展农业，颇有政声。后又任江苏巡抚、两广总督、湖广总督、陕甘总督和云贵总督，两次受命为钦差大臣。因其主张严禁鸦片、抵抗西方的侵略、坚持维护中国主权和民族利益而深受中国人的敬仰。在禁烟过程中，林则徐十分注意了解外国情况，敢于学习外国先进技术，被称为"开眼看世界的第一个人"。

林则徐是晚清重臣，近代伟大的爱国主义者。他一生曾任官于很多地方。无论在哪儿，他都坚持为百姓办好事、办实事。

在河南，他见洪水泛滥，成千上万的百姓无家可归，立即轻车简从，亲自赶到重灾区兰考，帮助那些流离失所的灾民回到故土。他发现河南巡抚琦善监督治河的种种弊端，又马上建议朝廷查封料贩囤积的河工材料，平价收买，以供河工之需，确保了一方安宁。

在江浙，他不仅带领百姓修海塘、兴水利，而且倡导改良稻种，更新技术，促进了农业的发展。他还针对实际情况，奏请朝廷减征漕赋，革除漕运弊政；并创造性地实行起"盐票"制度，从而打击了不法商人，增加了国家的盐税收入，大大方便了人民生活。江苏遭受严重的水灾后，饥寒交迫的老百姓曾一度包围了松江官府，强烈要求减免租赋，发放救济。时为江苏巡抚的韩文绮竟连夜调兵遣将，准备以武力镇压。林则徐闻讯后急忙前去劝阻，并亲赴松江安抚灾民，布置救灾，缓和了一触即发的严重危机，使成千上万的饥民免遭杀戮。接着，他又组织救灾，出钱收养了一些孤儿和孤寡老人，动员未受灾地区人民接济灾区人民，谕令米行平价售粮，对趁火打劫的地痞恶霸和贪官污吏则予以坚决打击。因此，百姓们将他誉为"林青天"。

林则徐主政湖广之际，鉴于英法等帝国主义国家向中国大量倾销鸦片，给中国带来深重的灾难，又挺身而出，奏请朝廷同意后，赴广州查禁鸦片，主持了"虎门销烟"，维护了中华民族的尊严。后鸦片战争失败，腐朽的清政府屈服，他被革职查办，谪戍新疆。

在新疆，林则徐仍竭尽全力为人民谋福利。他不顾六十岁的高龄，用了将近一年的时间穿行大山、丘陵和沙漠，长途跋涉，遍行南疆三万里，勘丈屯田地亩，策划兴修水利。在吐鲁番，他推广坎儿井；在全疆，他推广纺车；他还精心绘制了《卡外舆图》，以防备北方敌人从边境入侵。

林则徐被流放新疆三年后，在哈密奉旨释放。当了不足半年的陕甘总督，又被任命为陕西巡抚。由于陕西正遭受自然灾害，他又运用当年在江浙赈灾的经验，妥善完成了陕西的赈灾事宜。

一年后，林则徐调任云贵总督。这时，他已身患重病。但他鉴于当地激烈的回汉互斗，又抱病处理这一棘手的民族矛盾。他反对他的前任贺长龄等所采取的助汉杀回政策，而主张无论回汉都应当分清良莠。凡奉公守法的良民，无论回汉，都要爱护；凡豪强恶霸，也不分回汉，一律惩治，赢得了回汉百姓的一致拥戴。

◎故事感悟

"苟利国家生死以，岂因祸福避趋之"，这是林则徐的人生写照。无论在何地任职，他都是一心一意为民操劳。即使是在贬谪新疆期间，他不顾年事已高，依

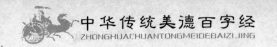

然是勤勤恳恳为各族人民谋福利。有人为林则徐写了一副对联："为政若作真书，绵密无间；爱民如保赤子，体贴入微。"这是对林则徐的公正评价。

◎史海撷英

林则徐编纂《四洲志》

道光十九年（1839年），林则徐以钦差大臣的身份赶赴广州，在严禁鸦片的同时，积极探求域外大势，派人收辑、翻译外文资料，以备参考。《世界地理大全》是英人慕瑞所著，1836年在伦敦出版，林则徐组织幕僚将此书全文译出，名为《四洲志》。该书简述世界五大洲30多个国家的地理、历史、政情，是当时中国第一部较系统的世界地理志，在近代史上具有开风气的作用。后魏源受林则徐所嘱，以此为蓝本，编著成《海国图志》。

◎文苑拾萃

汤阴谒岳忠武祠

（清）林则徐

不为君王忌两宫，权臣敢挠将臣功。

黄龙未饮心徒赤，白马难遮血已红。

尺土临安高枕计，大军何朔撼山空。

灵旗故土归来后，祠庙犹严草木风。

爱兵如子的左宗棠

仁者，谓其中心欣然爱人也。——韩非

> 左宗棠（1812—1885年），字季高。号湘上农人。湖南湘阴县人，晚清重臣，军事家、政治家、著名湘军将领。一生经历了镇压太平天国、洋务运动、镇压陕甘回变和收复新疆等重要历史事件。道光十二年（1832年）中举。太平天国起义后，他先后入湖南巡抚张亮基、骆秉章幕，为抗拒太平军多所筹划。镇压太平天国后，倡议减兵并饷，加给练兵。1865年升任闽浙总督。1867年督办陕甘军务，率军入陕西攻剿西捻军和西北反清回民军，镇压了陕甘回民起义。后收复新疆，名垂青史。1885年病故于福州。著有《楚军营制》，其奏稿、文牍等辑为《左文襄公全集》。

左宗棠，晚清重臣。他的一生大半时间是在戎马倥偬中度过的，晚年病逝于抗法前线的福州。

左宗棠出身农家，平日过惯了寒素生活。做官时，他常亲自灌园种菜，不喜美食。在军中，他常到士兵中走动，与士兵一起劳作。

有一年，他到甘肃安定县任总督。蒋凝学见他已是61岁高龄，劝他迁往省城兰州总督府居住。然而，他想到正在前线浴血奋战的广大官兵比他更艰苦，谢绝了其部属的一番好意，坚持与士兵同甘共苦，住进军中帐篷。

左宗棠不仅自己身先士卒，与将士同甘共苦，平时还不断要求他的部将要爱兵犹如爱子。在他亲自制定的《禁军管制》中，还专门写了体恤兵勇的条文。打仗时阵亡的兵丁，凡家境贫寒者，左宗棠除了要求官府给予抚恤外，还自己掏腰包，补贴他们的遗属，以示慰问。

1875年，清政府任命左宗棠为钦差大臣，前往新疆督办军务，准备收复新疆。在挥师西征途中，一路上他只住营帐，从不住公馆。他常穿着一身布衣长袍，守着一张白木板桌办公。西北地区气候条件恶劣，帐外或沙土飞扬，或雨雪交加，他总是伏在昏暗的灯烛下，不辞辛劳地处理繁重的军务。实在劳累极了，就踱出帐外和军士闲唠，丝毫不摆长官架子。

他坐镇于酒泉，运筹帷幄，繁重的军务终于使他病倒了。但是，为了早日从敌人手中收复新疆失地，实现他"与西事相始终"的誓言，他不顾自己"衰病日臻"的病体，继续率军西征。军队在向哈密行进的途中，正遇上漫天风沙、冰雪交加的恶劣天气。沿途地方官吏，为照顾他的病体，多次劝他住进公馆，左宗棠都执意不从，依旧是住在营帐之中和将士们同甘共苦。

为了向全军将士表示他誓与侵略军决一死战的决心，在行军中，左宗棠还特意命令其部属抬着棺材随军前进。左宗棠这种不复国土誓不生还的壮志，极大地激励和鼓舞了广大军民讨伐侵略者的勇气和信心。因此，在出征和追剿阿古柏匪帮的战斗中，全军上下万众一心，奋勇杀敌，很快击败了敌人。

◎故事感悟

左宗棠身为军中主帅，在带兵征战中与士兵同甘共苦的作风以及对普通士兵的爱护一直为后人所称颂。在收复新疆的战斗中，他关爱士兵、誓死报国的精神很大程度上激发了全军的爱国热情，取得了辉煌的胜利。

◎史海撷英

左宗棠设立福州船政局

1866年8月19日，左宗棠在福建设立福州船政局。左宗棠认为，兵船"借不如雇，雇不如买，买不如自造"，因此于1866年6月25日奏请购买机器，募雇洋匠，在福州设厂，试造轮船。福州船政局设在闽江马尾山下，故亦名"马尾船政局"。机器和材料由法国购来。初期聘法人日意格、德克碑为正副监督，总揽船政事务，并雇用几十名法国技师和工头。主要由铁厂、船厂和学堂三部分组成。雇用工人2000人左右。专门修造轮船。创办费用银47万两，常年经费自1866年起每月由闽海关拨银5万两，又后由茶税中增拨2万两。这是清政府规模最大的新式造船厂。

◎文苑拾萃

出 关

（清）吴兆骞

边楼回首削嶙峋，革篥喧喧驿骑尘。

敢望余生还故国，独怜多难累衰亲。

云阴不散黄龙雪，柳色初开紫塞春。

姜女石前频驻马，傍关犹是汉家人？

张埙关爱百姓

◎全心全意地为人民服务，一刻也不脱离群众；一切从人民的利益出发，
而不是从个人或小集团的利益出发；向人民负责和向党的领导机关负责
的一致性；这些就是我们的出发点。——毛泽东

张埙（1639—1694年），字牖如，江苏长洲（今江苏苏州市）人。家住苏州葑门
外。从小聪明好学，"少时彬社剑峰集名最噪"，然而科举并不顺利，屡试不第，后来
以"明经"（古代一种科举方式）当上了八旗官学教习（教师），负责分教镶旗子弟，
"从学者多成材"。当学官结束后，参加朝廷吏部组织的铨试，获得候选县级官资格，
于康熙十七年（1678年）选为河南登封县知县。

明清两代，人们都以"父母官"来尊称州县长官，因为他们是临民官，
直接管理百姓。身为父母官者是清是贪，是勤是怠，直接关系到百姓的命运。
在清朝数以万计的州县官中真正能做到勤政爱民，无愧于"父母官"的人还
是屈指可数的。康熙时期的张埙可算是其中的一位。

康熙十七年（1678年），张埙以八旗官学教习提升为河南登封县知县。早
在任教习时，他就教育学生们，将来一旦为官，定要为黎民百姓着想。如今，
自己做了父母官，他深知取信于民靠的是爱民、利民。他是抱定做清官的宗
旨，带着委任札书走马上任的。

张埙单身匹马，身着便装前往登封县。一路之上，他遇到许多人，凡是
登封县人，张埙都要和他们长谈一番，详细了解登封县的乡土人情，以及百
姓的疾苦，并默默记在心中。就这样，竟无一人知道他就是新上任的知县。

一日，张埙与登封县的一个属吏同宿一家客店，这位属吏自视清高，不
知张为何人，只当"旅客视之"。当二人同行至县衙，属吏方知同行多日者竟

是新上任的知县老爷，不由得敬佩起张埙的为人。

登封县由于明末清初的战乱，"比岁不登，民多失业"。张埙下决心改变这里的穷困面貌。他上任三日，便带领全体属员对天盟誓："不取一钱，不枉一人。"随后又在县衙前树起一块巨石，刻上"奉旨永除私派，天监在此"几个大字。

张埙了解到，百姓生活艰苦的一个重要原因，在于各项私派繁多，百姓已无力承担。于是，他首先从自己做起。登封县曾有旧例，知县往往要搜刮民间土特产，如虎皮、鹿茸、蜂蜜、何首乌等，然后献给上司。而张埙坚决表示："腹下媚上，吾弗为也。"同时，下令革"火耗"，除"产铁铸犁私税"，禁"盐贾谋利赂官"，革"流差马骡草料"，各项私派一除，"岁省登民钱百二十万"。

不仅如此，张埙还严格要求属下。在他上任之前，县里胥吏甚多，他们借百姓争讼，百般勒索。张埙下令严禁此风，否则严惩不贷。于是很多胥吏自行离去。后来，凡在县衙轮番服役者，离役之后，都"操末耜为农，以在官无所得钱也"。

就在张埙到任的当年，登封又遭旱灾。张埙设粥厂救济灾民，又"移粟分赈，购麦数百斛给穷民"。张埙深知，民以食为天，要改变登封面貌，就要努力发展生产。于是，他贴出告示，让那些流亡外乡的人返回家园，从事农业生产。自己"暇则单车巡行陇亩间"去了解情况，农忙时更要亲赴田间，督农耕种。他还针对登封县农田的土质情况，向农民推广种植木棉及各种瓜果的方法。几年之后，登封县面貌大为改观，流亡外地者纷纷返乡，人口日渐增多。

张埙还很注重教育事业。县内有一嵩阳书院，是宋代四大书院之一，当时已残破不全。张埙出资修复，并请高师来县讲学，向诸生传播程、朱之学。他还在境内"自县治达郊鄙，立学舍二十一所"，广收贫家子弟，自己定时到各学校巡视、讲学，"导以揖让进退之礼"。县里有个叫申尔瑞的人，自己负债累累，而当他拾到别人的"输税金"后，却毅然归还给失主。张埙闻之，亲自登门，大加赞扬，"旌其门"，为县民树立学习的榜样。

张埙为官，时刻将百姓的疾苦挂在心头，政务之余，经常是"策蹇驴，历民舍，问其苦"。他在任的几年，几乎跑遍了全县的每个角落，很多事情也都在乡间解决了。登封县西境有个吕店乡，这里民风好斗，经常是争讼不绝。张埙到此之后，反复宣传礼让之仪。当他了解到张文约是个贤人，从未与邻里争吵过，就推举张做"乡约"。不久，在张文约的影响下，吕店乡风气为之一变。

康熙二十二年（1683年），张埙以考核卓异被提升为广西南宁府通判。消息传来，登封县民依依不舍。张埙离任那天，百姓争相送行，道路为之堵塞。男女老少，人人落泪，有高呼"青天"者，有劝其保重者。张埙亦挥泪与县民告别，他说："受事日信誓旦旦，今去，我可告无罪耳。"

的确，这位父母官没有违背他上任时的誓言。张埙离任之后，登封县各乡都为他立了祠堂，供上了他的肖像，并挂上了"天下第一清官"的榜文，表示对他的怀念。

◎故事感悟

张埙不愧是"天下第一清官"，在他的眼里，除了百姓，还是百姓，除了爱民，还是抚众。

◎文苑拾萃

登澄海楼观海

（清）康熙

朱栏画栋最高楼，海色天容万象收。

海底鱼龙应变化，天中云雨每蒸浮。

无波不具全潮势，此日真成广汉游。

仙客钓鳌非我意，凭轩帷是羡安流。

雪域忠魂孔繁森

◎我们一切工作干部，不论职位高低，都是人民的勤务员，
我们所做的一切，都是为人民服务。——毛泽东

孔繁森（1944—1994年），出生于山东聊城一个贫苦的农民家庭。18岁参军，1966年加入中国共产党。1969年复员后，他先当工人，后被提拔为国家干部。1979年，国家要从内地抽调一批干部到西藏工作，时任地委宣传部副部长的孔繁森主动报名。到西藏后写下"青山处处埋忠骨，一腔热血洒高原"，以此铭志。1988年，孔繁森第二次调藏工作，担任拉萨市副市长，分管文教、卫生和民政工作。1994年11月29日，孔繁森在去新疆塔城考察边贸的途中，因车祸殉职，年仅50岁。

在孔繁森的葬礼上，悬挂着这样一副挽联："一尘不染两袖清风，视名利安危淡似狮泉河水；二离桑梓独恋雪域，置民族团结重如冈底斯山。"这副挽联形象地概括了孔繁森的一生，也道出了藏族人民对他的怀念。

1994年，阿里地区遭到罕见的暴风雨。孔繁森积极组织抢险救灾，每天都工作到深夜。

2月26日凌晨两点，他躺下后感到心跳加快、胸闷气短，便挣扎着爬起来，给同行的小梁写了一封短信交待后事："万一我发生了不幸，千万不能让我母亲和家属、孩子知道，请你每月以我的名义给我家寄一封平安信。我在哪儿发生不幸，就把我埋在哪里……"

他热爱藏族同胞，视藏族同胞如亲人。1992年，拉萨市周围的几个县发生了地震。孔繁森在救灾过程中认识了因地震失去父母的三个孤儿，他将这三个孤儿接到家里，担负起了养育责任。他的家境本来就不富裕，再加上每

次下乡总要接济生活贫困的藏族群众，有时不到半个月，工资就所剩无几。领养了三个孤儿后，孔繁森经济上更加拮据。为了不让孩子们跟着他受苦，他悄悄地来到西藏军区总医院血库，要求献血。护士认为他年纪已大，不适合献血。他就恳求护士："我家里孩子多、负担重，急需要钱。请帮个忙！"护士见孔繁森如此恳切，只好同意他的请求。1993年，他先后献血九百毫升，共获得医院按规定付给的营养费九百元，这些钱他都用来补贴生活了。

在外人眼里，一个地级干部生活如此清贫，真是难以想象。1995年，孔繁森的妻子到西藏探亲，来回的路费还是由她自己筹措的。由于看病，妻子将返程的路费花光了，只好向孔繁森要钱。他东挪西借才勉强凑了500元，而当时回程的机票就是800元。妻子不忍心让丈夫为难，就自己找熟人借了一些。回到济南后，他妻子去看上大学的女儿。女儿一见面就对妈妈说："学校要交学杂费，我写信给爸爸，爸爸让我跟你要。"妻子一听，眼泪刷地流了下来：自己身上剩下的钱，连回家乡聊城的车票都不够，哪里还有钱给女儿交学杂费！

孔繁森把工资中相当多的一部分用于帮助有困难的群众，平时根本就没有攒下几个钱。他给群众买药、扶贫济困时出手大方，少则百十元钱，多则上千元。他因车祸牺牲后，人们在他身上找到的现金只有八元六角，在场的很多人都感动得流下了眼泪。

作为一位内地的汉族干部，孔繁森曾经两次进藏，最终以身殉职，倒在了他所热恋的雪域高原，实现了他"青山处处埋忠骨，一腔热血洒高原"的誓言。

◎故事感悟

孔繁森为了帮助西藏加快经济发展，放弃了内地的良好条件，告别了亲人，两次赴西藏，在最艰苦的地区扎下根来工作。为了牧区全体群众的利益殚精竭虑地操劳，并尽自己所能资助困难群众，收养多名藏族孤儿。他所做的这一切充分体现了一位共产党员的高尚情操，体现了我党全心全意为人民服务的宗旨。他的爱民之举将永远温暖着藏族人民和全国人民的心。

◎史海撷英

西藏自治区的成立

1951年5月23日，中央人民政府与西藏地方政府签订《中央人民政府和西藏地方政府关于和平解放西藏办法的协议》（通称《十七条协议》），西藏和平解放。1956年4月22日，西藏自治区筹备委员会在拉萨举行成立大会。1959年3月10日，西藏地方政府和上层反动集团公开撕毁和平解放西藏办法的《十七条协议》，并在拉萨举行武装叛乱。3月22日，叛乱被彻底粉碎。3月28日，周恩来总理发布命令，解散西藏地方政府，由西藏自治区筹备委员会行使西藏地方政权职权。1965年7月24日，西藏自治区筹备委员会向国务院提出了《关于正式成立西藏自治区的请示报告》。8月23日，周总理亲自主持国务院全体会议第158次会议，同意于1965年9月1日召开西藏自治区第一届人民代表大会第一次会议，正式成立西藏自治区。1965年9月1日，西藏自治区第一届人民代表大会第一次会议在拉萨举行。以国务院副总理谢富治为团长的中央代表团参加大会，并表示祝贺。大会于8日选举产生了西藏自治区人民委员会。阿沛·阿旺晋美当选为自治区人民委员会主席。周仁山、帕巴拉·格列朗杰等七人为副主席。9日，大会举行闭幕式，西藏自治区正式宣告成立。

◎文苑拾萃

孔繁森同志纪念馆

孔繁森同志纪念馆坐落在中国江北水城（聊城）碧波荡漾、风光秀丽的东昌湖畔，1995年7月4日，经中共中央宣传部批准建馆，1995年9月10日正式开馆接待观众。纪念馆占地面积约1.04万平方米，建筑面积1400平方米。馆高15米，外形为双重檐、四周为换廊式结构。

馆坐西面东，正门上镶嵌着江泽民同志题写的"孔繁森同志纪念馆"8个鎏金大字。馆前广场宽阔，周围绿草如茵，塔松、龙柏、云杉郁郁葱葱，给人以典雅、庄严、肃穆之感。

纪念馆内设1个纪念厅和3个展览厅。纪念厅内安放着孔繁森同志大型汉白玉半身塑像，塑像后红色屏风上镌刻着江泽民同志的题词"向孔繁森同志学习"。展览共分6个部分，展出图片270余幅，陈列实物千余件，并配以专题录像片。第一部分"齐鲁赤子"，展示了孔繁森在山东生活、工作以及从一个普通农民的儿子成长为一名党的领导干部的光辉历程；第二部分"汗洒雪域"，展示了孔繁森两次赴藏工作的10年间，为西藏的建设和繁荣而恪尽职守、忘我拼搏、开拓进取、求真务实的精神风貌；第三部分"情系高原"，展示了孔繁森热爱人民、服务人民、为民解难、无私奉献的满腔热忱；第四部分"廉洁清正"，展示了孔繁森艰苦朴素、廉洁自律、一身正气、克己奉公的高贵品质；第五部分"深切怀念"，展示了孔繁森不幸殉职后，山东、西藏及全国各地群众深切悼念孔繁森的感人情景；第六部分"光耀神州"，展示了党中央对孔繁森的高度评价，以及在党中央的号召下，全国各地广泛开展学习、宣传孔繁森活动的情况。

孔繁森同志纪念馆开馆以来，始终把宣传孔繁森事迹，展示孔繁森同志的优秀品德和崇高精神，作为对广大干部、群众进行爱国主义、集体主义和社会主义思想教育的重要内容，为全党和全国人民广泛、深入、持久地开展向孔繁森同志学习，加强爱国主义教育，促进廉政建设和民族团结提供了一个生动实际的课堂，充分发挥了教育基地的作用。目前，孔繁森同志纪念馆已成为"全国爱国主义教育示范基地"、"全国青少年教育基地"、"全国党员干部教育基地"和"全国民族团结进步教育基地"。

"我还能再救一个"

◎仁者，与天地万物为一体。——朱熹

> 　　荆俐杰（1989—），1989年12月17日出生在河南省焦作市武陟县嘉应观乡东营村一个农民家庭。2007年12月，高中未毕业的荆俐杰从河南焦作市入伍，先是在四川省消防总队教导大队受训。2008年2月22日，他分到了四川省德阳市消防支队绵竹中队。
>
> 　　由于在"5·12"抗震救灾战斗中表现突出，荆俐杰荣立三等功。

　　2008年5月12日14时28分，四川发生了大地震。3时10分左右，荆俐杰所在的武警绵竹中队接到上级命令，火速赶往武都镇教育中心实施救援。

　　行军路途非常难行，市区道路上车塞得满满的，荆俐杰及其战友们心急如焚。到达现场后，他们发现受灾最严重的是武都小学的教学楼。据学校的老师们讲下面至少埋压了100多名师生。废墟下面的求救声刺痛了大家的心，荆俐杰和战友大多带了撬杠和铁锹，虽然没有专业的救援工具，但战士们用手刨、用工具挖，迅速展开救援工作。

　　19岁的荆俐杰第一个奔向了废墟。时间就是生命，荆俐杰拼命地用手刨，战友们和学生家长也在用手刨，后来又来了个挖掘机……当天，荆俐杰和战友们刨出来有七八十个孩子，但活着的仅仅有五个。

　　此情此景，荆俐杰痛苦、揪心、无奈，他恨自己没有本事让这些生命复活！此时的救灾现场，有不少父母抱着孩子的尸体大哭，悲痛的荆俐杰暗暗发誓，就是拼上性命，也要努力救人，多救一个算一个。

　　余震仍在不断发生，钢筋和楼板摇摇欲坠，残存的墙体时不时地往下掉

砖头和石块，荆俐杰和战友们全然不顾。

13日上午10时许，抢救到了最关键的时候，突然，一次较大的余震发生了，教学楼的废墟发生了巨大的晃动，楼板在摇，墙体在垮……二次坍塌！此时，如果再次进入废墟救援，或者不撤出救援现场，几乎等于送死。为了保护救援人员，消防指挥部下了死命令：所有人员必须暂时撤出，等余震过去后再伺机进入。

而此刻，荆俐杰刚刚抢救完一个小女孩，面对突然发生的强烈余震，荆俐杰本能地又往废墟中跑。因为，他听到了废墟中有声音在呼救。就在荆俐杰转身奔向废墟时，四五个战友和群众拉住了荆俐杰，试图将他拖到安全地带。

此时，荆俐杰心里就两个字：救人。但由于长时间的体力透支，荆俐杰感觉浑身乏力，双腿一软，一下子就跪那儿了。也不知道为什么，他控制不住自己的情绪了，跪在地上放声大哭："让我再去救一个，求求你们再让我进去救两个孩子吧！我还能再救一个！"泪眼模糊的荆俐杰觉得，只有把孩子救出来才是对家长最大的安慰，才是尽一个战士对人民最崇高的义务……此情此景，现场所有人都哭了，然而所有人都无计可施，只能眼睁睁地看着废墟第二次坍塌。

余震刚过，荆俐杰再次奔向废墟。

钢筋、水泥和砖块的摩擦，加上现场情况复杂，荆俐杰全身多处被擦伤，先是右脚磨烂了，伤口开始发炎、化脓，走起路来一瘸一拐的。教导员陈军命令他包扎伤口，休息片刻再参加救援，荆俐杰只顾埋头苦干，什么话也不说。

整个救援日夜不停地持续了三天。战士们腰弯得直不起来，太累了就蹲在那里刨，有时候跪在地上刨，有时候累得站一分钟都想打盹儿……

有人问荆俐杰救了多少人时，他说记不清了，当时脑袋里就一个念头：救人，连救过人的模样都忘记了，哪有心思统计数字！指导员范晓林回忆说，在近60个小时的连续战斗中，他们至少搜救出300多人，其中有50多人因为抢救及时，身体状况较好。

灾难终于过去了，对于救人，荆俐杰说，救人是自己的职责和义务，没有什么可值得炫耀的，更没想过成为什么英雄。他说，只要是一个有良知的人，看着那么多孩子被压在下面，都会伸手去救，人心都是肉长的。在祖国和人民需要的时候，人民的子弟兵一定是冲在最前面的人，什么艰难困苦都阻挡不住他们向前的脚步。

荆俐杰尽管入伍才五个多月，但是他十分成熟也十分懂事，平时表现就非常突出，责任心强，而且特别勇敢。灾难发生的时候，19岁的他可以称得上是新兵的军龄，老兵的风范。

◎故事感悟

在生死存亡的危急关头，荆俐杰根本没有考虑到自己的安危，他把全部心思都扑在了解救受困群众的事情上。通过这件事，我们看到了一个革命战士的光辉形象，也看到了人民军队为人民的本色。天灾无情人有情，有这样的军队，这样的战士，无疑是祖国的骄傲，人民的依靠。

◎史海撷英

伟大的抗震救灾精神

在2008年5月及以后的抗震救灾战斗中，我国人民形成了伟大的抗震救灾精神。抗震救灾精神是：自强不息、顽强拼搏，万众一心、同舟共济，自力更生、艰苦奋斗。抗震救灾精神是这一切高贵美好的品格在共同抗击自然灾害的殊死搏斗中所形成的交汇点，时代精神和民族精神的交汇点，社会主义、爱国主义和集体主义的交汇点，革命英雄主义和社会主义人道主义的交汇点。它使我们看到了波澜壮阔的改革开放时代中华民族精神的一次伟大升华。

◎文苑拾萃

天崩地坼

　　语出《战国策·赵策三》："周烈王崩，赴于齐曰：'天崩地坼，天子下席。'"意思是：周烈王去世，向齐国报丧说："天塌地裂，新天子走下坐席到灵前守丧。"也作地坼天崩、天崩地陷、天崩地裂。

　　崩：山倒塌。坼：裂开。山倒塌，地裂开。比喻重大的事变。现在有时也用来形容声响（如爆炸声）剧烈。

空巢老人的知心人

◎以爱己之心爱人则尽仁。——张载

> 周淑华，原沈阳市干部。退休后一直从事社区工作，热心于老年人的福利事业。因为周淑华为老年工作作出的突出贡献，获得了沈阳市优秀共产党员、劳动模范的称号，还被辽宁省总工会评为退休管理模范干部。

已经70多岁的周淑华老人在20多年前就做了一件在全国有影响的事情：创办了全国第一家老年人婚姻介绍所。几年前，就是这位周淑华老人又创办了一家"关爱空巢老人服务中心"。

事情的起因是这样的，有一天，周淑华去一家银行交电费。她前面就一位老人，可十几分钟过去了，那位老人还没有办完。她想，是不是老人有什么困难。一向热心的她，就想帮帮老人。这是一位80多岁的老人，手不那么利索了，证件用一块布包了好几层，用完再包起来。钱也是这样包了好几层。所以，老人的动作就特别慢。当周淑华想帮忙的时候，老人拒绝了。人家不知道她是好人还是坏人。后来，周淑华知道这位老人是一个人生活，孩子都忙，这些事情都是他自己做。周淑华想，要是有熟人能帮助老人就好了。

周淑华从一份有关空巢老人的材料中了解到，现在社会中还有一些空巢老人得不到社会救助和居家服务。这些空巢老人精神寂寞，家政服务缺失，看病就医难，缺少陪护。于是，周淑华找到沈阳市和平区民政局的领导，说了自己的想法，立刻得到了支持。很快，"关爱空巢老人服务中心"正式挂牌了。

在那些空巢老人中，有很大一部分是老人自己生活。但他们年纪毕竟大了，确实需要找一个保姆。对此周淑华很操心。那天，周淑华接到了一个求助电话，是一个独居的老太太打来的，她让周淑华帮着找一个保姆。可是周淑华给她找的两个保姆她都不接受。本来，这事周淑华可以不再管了，但是，对空巢老人的责任心却让她跑了很远的路，来到老太太的家里。那天，周淑华和老太太谈了许久。周淑华用她那颗热情真诚的心，解开了老太太心中对于保姆的误解，使她最终找到了满意的保姆。

在空巢老人中，还有一些生活上有困难，请不起保姆的。对于这部分人，周淑华设置了一条求助热线，只要那些需要帮助的老人打来电话，就马上过去帮助。需要解决的有许多是日常小事，她就在平时组织社区里的热心人，让更多的人来义务做这些事。

周淑华知道，空巢老人在日常生活中最大的苦恼就是寂寞。老人一个人在家里最高兴的事，就是有人陪着说话。为此，周淑华组织各种活动，让有共同爱好的空巢老人一起参与。她把书法、绘画、唱歌等活动搞得有声有色。许多外区的老人知道了也都来参加，结果，来周淑华这里参加活动的空巢老人越来越多了。老人们在这里不仅找到了知音，最主要的是不寂寞了，成了快乐的空巢老人。

有的老人因为行动不便，不能到活动室来参加活动。但是，他们却需要有人陪着聊天。于是，周淑华就组织那些有意献爱心的人组成义务陪聊团。当空巢老人需要有人陪自己说话时，就找他们。他们有时间了，也会主动找那些空巢老人说话。

在空巢老人中，单身的占了很大一部分。这些空巢老人渴望再有一个家，渴望找到可心的老伴。但是，因为种种原因，老人们的愿望无法实现，是周淑华帮助这些老人找到了晚年生活的另一半。

有一次，周淑华接到一位退休工人的电话。电话里，老人讲了自己的孤苦和伤心经历。于是，周淑华决定亲自去看望这位老人。经过几次寻找，周淑华才找到老人的家。一进门，周淑华就惊呆了。房间里杯盘狼藉，到处都散发着霉味。老人骨瘦如柴，怀里抱着妻子的骨灰盒。周淑华先是帮助这位老人打扫卫生，然后与他耐心交谈。周淑华知道要想解决这位老人的问题，必须给这位老人找个伴。周淑华经过一段时间的寻找，把一个各方面都让这位老人满意的老伴带到了他面前。最终让这位空巢老人重新焕发了生命的热情。

◎故事感悟

周淑华老人退而不休，为服务老年人几十年如一日地操劳。她以一颗仁爱之心对待老年人，不仅从物质生活上关心他们，更从精神方面给他们愉悦和幸福。她把别人的幸福当做自己的幸福，体现了伟大的人性光辉。

◎史海撷英

《老年人权益保障法》

为保障老年人的合法权益，发展老年事业，弘扬中华民族敬老、养老的美德，1996年8月29日第八届全国人民代表大会常务委员会第二十一次会议通过了《中华人民共和国老年人权益保障法》，并于1996年10月1日起施行。该法的制定与实施，进一步明确了老年人所应享有的权利，明确了社会各界在保障老年人权益方面的责任和义务，有力地保障了老年人的各项合法权益。

◎文苑拾萃

童颜鹤发

语出《三国演义》第十五回："（孙策）第见其人，童颜鹤发，飘然有出世之姿。"
意思是脸色像儿童的面庞那样红润，头发像白鹤的羽毛那样洁白。形容老年人气色好，神采奕奕，精神焕发。亦作鹤发童颜。

乡村医生和她的博爱卫生站

◎德莫高于博爱人。——贾谊

李春燕（1977—），贵州省从江县人，中共党员，现为贵州省从江县雍里乡大塘村博爱卫生站医生。被评为2005年贵州省劳动模范，中央电视台2005年感动中国十大人物之一和2007年中国十大杰出青年之一。

贵州江县大塘村是一个苗族村寨，山高路陡，交通闭塞，生活贫穷，两千五百多名苗族村民向来缺医少药。过去，由于村里没有医生，得病了，除了苦熬，就是请巫师驱鬼辟邪，或是用"土办法"治疗。死了，谁也不知是啥原因。

李春燕是卫校的毕业生，为了利用自己学到的医术解决村民看病难的问题，2001年，在家人的支持下，李春燕卖掉了家里三头耕牛中的两头，筹集资金两千元，开办了大塘村有史以来的第一个卫生室。

卫生室创办之初，李春燕连药箱也买不起，只好用竹篮子代替，一些简单的医疗器械也是从当医生的父亲那里借来的。有一次，12岁的王岁山患了肠套叠，贷款几千元在医院治疗未愈，于是来找李春燕。为给王岁山治病，李春燕把他接到家里来治疗，一个多月后，王岁山痊愈，而李春燕分文未收。还有一次，村里有一个产妇突然大出血昏迷不醒，万分危急之下，其家人想到了李春燕，连夜把她请到了家里。病人用药后，李春燕在她的床边守候了一夜，直到第二天产妇脱离危险，产妇的家人异常感激。村民的认可让春燕感到欣慰。多年的医疗成果使李春燕和她的卫生室在群众中树立了威信，受到了大家的信赖。这地方的群众总算有了初步的医疗保障。

按国家相关规定，李春燕不能称作医生，只能叫做"卫生员"。因为没有编制，她不能享受国家的工资和其他待遇。由于工作环境差、入不敷出，我国的大部分乡村卫生员已改行或外出打工去了。李春燕也遇到过相同的问题，她发现随着来求医村民的增多，小诊所的状况非但没有改善，反而越来越难维持了。因为穷，许多村民付不起药费，有些甚至连一两块钱都要赊账，久而久之，欠账越来越多，资金周转也就越来越难，卫生室不要说赚钱，就是连正常的运转也难以为继，家里为此还背上了七千多元的债务。为了筹钱买药，李春燕和家人把家里剩下的一头耕牛也卖了。2004年初，一直赔本经营卫生室的李春燕决定关掉卫生室，和丈夫一道去广东打工。当他们正准备出门的时候，闻讯而来的乡亲们正好赶到。村民们掏出皱巴巴的一元、两元钱递给李春燕："李医生你走了，我们可怎么办？""这是我们还你的账，不够的我们明天把家里的米卖了，给补上。"李春燕被感动了，看着乡亲们一张张期待的脸，最终还是没有离开。这是李春燕留在这艰苦的地方做乡村医生以来唯一想放弃的一次。

几年过去了，李春燕的账本写满了一本又一本，村民一块、几块、几十块的欠账消了又写，写了又消，缺口照样不断地加大。可李春燕不改初衷，一直坚持在缺医少药的乡村默默奉献。

2004年10月3日，李春燕接到大塘村一家人打来的电话，要给一个早产两个多月的妇女接生。抢救婴儿的时候，那些简陋的医疗设备，远远达不到挽救一个生命所必需的条件，虽然她竭尽全力，仍然没有保住降临八个小时的小生命。整个过程碰巧被一个来作社会调查的记者用相机记录了下来。在有关志愿者的宣传下，李春燕的事迹被许多媒体报道，社会各界伸出了关爱的手。

2005年上半年，热心人士的捐款达到20万元，在县政府牵头下，当年6月，大塘村的卫生室开工了。2005年9月12日，中国红十字基金会向李春燕捐款10万元，在大塘村建立了全国第一所"红十字博爱卫生站"。到2005年

底，占地110平方米、三层楼的新卫生站终于落成。

"作为一名白衣使者，要全心全意为人民服务，为穷苦人民解除种种病痛，不怕脏，不怕累，更不怕穷。"这是李春燕铿锵的誓言。

◎故事感悟

她是一位医生，却从来没有机会穿上一件像样的白大褂，甚至还要被人在"医生"这一称呼前面加上"赤脚"这两个字；她是一名医生，但是不像很多医生那样，不愁自己的衣食，相反，她的欠债却就越来越多；她是一名医生，自然被患者所需要，她是中国102万乡村医生的杰出代表。不仅因为她的医术，更因为她的爱心和善良。

把爱献给乡亲的好村长

◎达人无不可，忘己爱苍生。——王维

何小川（1938—2009年），浙江台州三门县挂帘村人，挂帘村村委会主任。从农家汉子到千万富翁、再到深山村官，这就是何小川73年的人生道路。从一穷二白到种茶致富、再到建设新村，这就是挂帘村走向富裕的发展轨迹。

　　何小川是挂帘村人，曾担任过村党支部副书记、村委会主任。1986年他进城创业，创办起汽车标准配件厂。经过10年的打拼，3万元起家的小作坊三易其所，成长为资产上千万元的工厂。但已拥有上千万元财富的他，却在家乡父老的呼唤下，义无反顾地回到穷困山村，带领村民走上了致富之路，共建美好家园。他身患癌症，病情恶化，却始终心系山村发展，一次又一次地从医院"逃"回村里，直到累倒在新村建设的工地上……

　　1996年，原村委会主任、现任村党支部书记何昌寒上门找到何小川，带来村民们的期盼：希望他这个"能人"回去担任村干部。他痛快地答应了。当时他已经58岁了。

　　"一人富不算富，大家富才是富。"何小川下定决心，将企业扔给儿子何建华料理，自己与老伴搬回农村老家，一心一意带着村民们共同致富。谁知这一住，就是13年。

　　挂帘村村如其名，一排排房屋像帘子一样挂在高山之上。早些年，只有一条崎岖小道将村子和山外连通，村民去镇里来回一趟至少要三个小时。深山里的村民，除了打工，就是靠种番薯、做番薯面赚点小钱，有些穷的人家连一套出门做客的像样衣服都没有。

"村里人相信我，我一定要为大家办成几件实事。"上任后，他一个星期就分好了村里的地，两个月就接通了自来水，七个月就把当年的那条机耕路修成了水泥路。

修路须迁坟24座，何小川要一一落实新坟地。缺劳力的，他帮着抬棺材；经济困难的，他出钱资助。有三位坟主对新坟地不满意，他们看中了小川家的一块地，小川竟也答应了。

当时村集体经济几乎一片空白，何小川他们不摊派一分钱，一面带领村民投工投劳，一面来回奔波于镇里、县里争取"康庄工程"的资金支持，后来还让儿子垫了3万元。铺水泥路面的七个月，工程管理人员、司机都在他家吃饭，全是何小川自己掏的腰包……就这样，一条8.5千米的水泥路修好了。修路的七个多月里，何小川从早忙到晚，来回跑了不下500千米路。路通了，何小川和村干部琢磨着，怎样拔掉挂帘村的"穷根"？村子海拔高、没污染，种茶叶得天独厚。但建茶园投入大，三年后才有产出，到时茶叶卖不出去咋办？村民们有顾虑。何小川说，番薯照旧种，利用农闲开垦荒山建茶园。他用村集体名义贷来14万元买了茶苗，改造出510亩茶园。两年后，即将采摘茶叶时，茶园无偿承包给全村各户。如今，茶园成了村民们最主要的收入来源。

最近几年，由于地质灾害频发，村里年年塌方。2007年，挂帘村被确认处于地质灾害点，须整村迁移。于是，选好新址、建成新房，让村民安安乐乐住进去，成了何小川最大的心愿。2007年4月，何小川因尿血到医院检查，被确诊为前列腺癌，随即开刀治疗。手术后十多天，何小川坚持要回村，家人拗不过他，老伴只好又陪着他上山回村了。

此后，每天早上6点多，何小川就背着药壶出工，带着村民四处勘察，为新村选址。村址选定，开始平整土地后，他又是起早贪黑天天守在工地。

工程进展得顺当，何小川的身体却每况愈下。2009年8月，何小川突然栽倒在工地，昏迷过去。医院的诊断结果是癌症复发。医生印象中，这两年多来何小川在医院"进进出出"不下10次，每次都是稍好一点儿就执意出院，实在支撑不住了又被送来入院治疗。到11月何小川已住院近一个月，头发花白、两颊瘦削的他靠在病床上，床头还摆着手机和通讯录，他每天都要和村干部通电话，问问新村的建设情况。何小川说："只要身体能行，我还想去工地。现在我最大的心愿就是等新村建好，让我看一眼。"

2009年12月21日下午，此时的何小川已是弥留阶段了，经家人和医生商议后，决定送小川回村。村里最年长的99岁老人何昌浪，和留在挂帘村的所有村民，自发聚集在村口的老樟树下，伫立在寒风中等候着他。下午3时20分，何小川回村了。55分钟以后，何小川平静地走了。

临终前，何小川嘱托家人，将他的骨灰一半葬在村里，一半撒在挂帘村的大山上。

◎故事感悟

　　何小川同志的故事感动了无数人，他是当之无愧的时代先锋。在他身上，集中体现了我党基层干部急人民所急，想人民所想，全心全意为人民服务的精神。他放弃了舒适的生活，为山村的父老奋斗了13年，即使重病也不愿休息。他是党的好战士，是人民的好领路人。

◎史海撷英

浙江台州市延革

　　台州市，地处浙江省东部，台州湾两侧椒江口岸。东濒东海，西南连黄岩县，西北接临海市，为浙江省沿海中部重要沿海城市。

　　台州，因处椒江而得名。原名海门。明洪武二十年（1387年）建海门正城。清置台州镇，后改海门镇，属临海。1949年为台州专员公署直属区。1980年改设海门特区。1994年，撤销台州地区和县级黄岩市、椒江市，设立地级台州市。因该地为唐代台州辖地，故名。

　　现台州市面积7413平方千米（其中海域面积600余平方千米）。人口543万。民族有汉、回、藏、苗、壮。辖三区和四县。一江山岛、大陈岛在其境内。

19个孩子的母亲

◎垂恻隐于有生，恒恕己以接物者，仁人也。——葛洪

阿里帕·阿力马洪，（1940—）。新疆维吾尔自治区阿勒泰地区青河县青河镇退休干部，2009年度感动中国人物。

连日的大雪使这片广袤的草原变成了白色的世界，气温骤降到了零下30多度。2009年12月10号上午，回族青年王作林从100多千米外急匆匆地赶到了，这个地处中国西北的小城——清河县城，看望他病重的维吾尔族妈妈——阿里帕老人。

还是这个普通的院子，王作林和他的18个不同民族、不同血脉的兄弟姐妹们一起长大的地方。如今他们都已成家立业，但这个普通的院子和70岁的老母亲阿里帕却是他们心中最大的牵挂。

1963年，阿里帕已经是6个孩子的母亲，丈夫阿比包在县公安局工作，加上弟妹，10口之家的生活全靠着丈夫每月45元的工资支撑着。可是就在这年冬天，和阿里帕家仅一墙之隔的哈萨克邻居亚合甫夫妇不幸相继去世，撇下了3个不满10岁的孩子。阿里帕心里明白，在当时那个物质匮乏的年代，多一张嘴就意味着多一份生活的艰难。但她还是把3个孩子接到了自己的家中。

今年53岁的托乎提是阿里帕妈妈当初收养的三兄弟之一，那时他只有八岁，回想起当年阿里帕妈妈收养他们的情景，仍然感动不已。

之后的10年间，阿里帕又先后收养了回族孤儿王淑珍、王作林兄妹4人，

还收养了汉族孤儿金海、金花和金雪莲以及其他一些孤儿。最终，她和丈夫抚养的孩子增加到了19个。

小淑珍当年头上长满了头癣和癞疮，流浪街头，无家可归。她头上没有一根头发，满是脓血。阿里帕收留了她并带着她四处求医问药，经过两个多月的清洗和治疗，小淑珍的头上终于长出了黑茸茸的头发。一直到现在，王淑珍始终保留着长长的黑发，她说这是妈妈给她的最珍贵的礼物。

为了保证全家20多口人的一日三餐，阿里帕专门买了一口直径一米多的大铁锅，她几乎把家里的全部收入都换成了食物。春天粮食不够吃，她就去地里挖野菜，秋天还要出去捡麦子、收土豆。尽管如此，生活依然捉襟见肘。为了多赚些钱，丈夫阿比包下班后就去工地打工，而阿里帕也在县食品厂找到了一份洗羊肚和羊肠的工作。

阿里帕夫妇不仅仅是让孩子们能吃饱，还要让孩子们有学上。家里用不起电灯，阿里帕就用破棉絮搓成条，做成小油灯。19个孩子们就在这一盏盏跳动的灯光下读书学习，上完了小学、中学，没有一个因为家里贫穷而辍学。

正是因为阿里帕对这个特殊大家庭付出的艰辛，让兄弟姐妹们早早就懂得了珍惜，懂得了相互关爱。阿里帕的19个孩子在她含辛茹苦的照料下渐渐长大，40年的岁月，这份大爱也逐渐打动了周围的邻居们。

2008年8月，操劳一生的阿比包病逝。子女们争抢着赡养阿里帕老人。每到过年过节，孩子们都会回家团聚，180多口人围在老人膝下承欢。每当有孩子问："阿妈，你对哪个孩子最好？"老人总会大笑说："手心手背都是肉，一样亲！"

◎故事感悟

阿里帕妈妈的爱超越了亲情，超越了民族，炽热而又绵长。她对所有孩子的关爱，以及她在困苦生活中表现出来的坚韧刚强，充分体现了母亲的伟大。这感人的一幕幕，是母爱的演绎，是民族团结的象征。

◎史海撷英

新疆维吾尔自治区阿勒泰市

地处新疆维吾尔自治区北部边缘。东南与福海县相邻，西与布尔津县接壤，西南接吉木乃县。北与蒙古人民共和国为界。

阿勒泰市在西汉、东汉时为匈奴地。隋时属突厥。民国十年（1921年）设承化县。1953年改为阿尔泰县。1954年设阿勒泰县。县因阿尔泰山而得名，曾称金微山和金子。阿尔泰系蒙古语和突厥语，意为"金子"，因此山产金，故名。1984年设立阿勒泰市。

阿勒泰市面积11481平方千米。人口21万。民族有哈萨克、汉、维吾尔、回、蒙古、塔塔尔等。

◎文苑拾萃

克尔木齐石人及墓葬

克尔木齐石人及墓葬地处阿勒泰市西南约12千米的克尔木齐。有石人、墓葬数十处。系六七世纪时突厥等游牧民族的墓葬。墓葬分单棺葬和双棺葬两种。

相类的墓葬和石人在阿勒泰市还有多处。如青河县孔盖特石人像、三道海子古墓，富蕴石人石棺墓等。

ZHONGHUACHUANTONGMEIDEBAIZIJING
中华传统美德百字经

爱·爱民抚众

第三篇

爱的回馈与传递

中山君仁义得猛士

◎爱人者，人恒爱之；敬人者，人恒敬之。——孟子

中山武公（生卒年不详），战国时期中山国君主之一，中山国第二任君主，他为中山文公的儿子，在位为八年。继任者为中山桓公。

在古代史书《战国策》里，有这样一个故事：战国初期，太行山下有一个中山小国。有一次，中山国君武公为了笼络人心，设下盛宴，邀请住在国都的士大夫们都来参加。

有个名叫司马子期的士大夫也来了，因为来得较晚，人年轻，地位不高，只好坐在空下的末座上。大家喝着美酒，吃着野味，谈论着时政，兴致很高。酒过三巡，上羊肉汤了，每人一碗，唯独到司马子期座前，羊肉汤没有了。

司马子期坐在席间，觉得丢了面子，十分难堪。于是，异常恼怒，愤然起身，退席而走。他投奔楚国，劝楚王讨伐中山君，自己做向导。

楚国是大国，兵强马壮。楚军与中山国的军队刚一交锋，中山国就溃不成阵，中山君仓皇逃跑。途中，有两个手持武器的人，始终紧紧跟随着，拼着性命保护着他。中山君很纳闷，问："你们是什么人？为啥不顾安危地保护我呢？"

这两个人回答说："大王，您还记得吗？有一年夏天，麦子歉收，我们的父亲躺在大路旁的桑树下边，饿得眼睛都睁不开，眼看就要死了。这时，您路过，看到我们父亲的惨状，赶紧下车，拿出一壶稀饭给我们的父亲喝了，父亲这才免于饿死。后来父亲在临终时嘱咐我兄弟说：'中山君救我一命，你们要记住，日后中山君有难，定要以死相报。'此时正是我们兄弟报答您大恩的时候啊！"

中山君听完后，仰天长叹，说："礼仪仁爱是多么的重要啊！"

◎故事感悟

给予别人的东西不在于多少，而在于别人是否正处在危困的时候；失礼得罪人，不在于事情大小，而在于是否使人真正伤心了。中山君因为一碗羊肉汤得罪司马子期，结果失掉了国家；因为一壶稀饭救了一个人，在危难之时得到了两人以死相救。这充分说明，人际交往之中尊重和关爱是多么的重要，也告诉我们在生活中应时时刻刻以诚待人，以善待人。

◎史海撷英

中山国

春秋战国时期的一个小诸侯国，位于今河北省石家庄平山县一带。中山国的前身是北方狄族鲜虞部落，为姬姓白狄，最早时在陕北绥德一带，逐渐转移到太行山区。春秋时期，中山国长期处于其他国家尤其是晋国的重压下。战国初期，韩、赵、魏三家诸侯瓜分晋国，中山国一度复兴起来。赵国在公元前377年、前376年曾两次进攻中山国，均遭到中山的抵抗，没有成功。此后，中山国开始修筑长城。公元前296年，赵灭中山国，将中山王迁徙到肤施。中山国自春秋末期立国，经过350余年时间，宣告灭亡。

◎文苑拾萃

《战国策》

《战国策》是中国古代的一部史学名著。它是一部国别体史书。全书按东周、西周、秦国、齐国、楚国、赵国、魏国、韩国、燕国、宋国、卫国、中山国依次分国编写，分为 12 策，共 33 卷，共 497 篇。所记载的历史，上起公元前 490 年智伯灭范氏，下至公元前 221 年高渐离以筑击秦始皇，约 12 万字。是先秦历史散文成就最高、影响最大的著作之一。

《战国策》是我国古代记载战国时期政治斗争的一部最完整的著作。它实际上是当时纵横家游说之辞的汇编，而当时七国的风云变幻，合纵连横，战争绵延，政权更迭，都与谋士献策、智士论辩有关，因而具有重要的史料价值。该书文辞优美，语言生动，富于雄辩与运筹的机智，描写人物绘声绘色，在我国古典文学史上亦占有重要地位。

《战国策》长于议论和叙事，善于描写人物，文笔流畅，生动活泼，在我国散文史上具有重要的地位。常用寓言阐述道理，著名的寓言就有"画蛇添足"、"亡羊补牢"、"狡兔三窟"、"狐假虎威"等。

一饭值千金

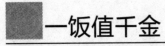

◎滴水之恩当涌泉相报。——格言

　　韩信（约公元前231—前196年），淮阴（今江苏省淮安市楚州区）人，西汉开国功臣，封齐王、楚王、上大将军，后贬为淮阴侯。中国历史上伟大军事家、战略家、战术家、统帅和军事理论家。中国军事思想"谋战"派代表人物。被后人奉为兵仙、战神。"国士无双"、"功高无二，略不世出"是楚汉之时人们对其的评价。

　　汉朝建立后，因功高震主被吕后诛杀。

　　韩信是汉初功臣，为汉朝的建立立下了汗马功劳。当初他只是一介平民，从小就失去了双亲。年轻时，他困窘不堪又没有好品行，不能被推选去做官，不会经商，又不愿种地，常常是吃了上顿没下顿，因此，备受歧视。他与当地的一个小官南昌亭亭长有些交情，于是常到人家家中去吃蹭饭。时间一长，亭长的妻子对他便反感起来，便有意提前做好早饭，端到内室床上去吃。等韩信来到时已经没有饭吃了。韩信很恼火，就与这位亭长绝交了。

　　为了生活下去，韩信只好到当地的淮水边钓鱼。有位漂洗衣物的老太太见他没饭吃，便把自己带的饭菜分给他吃，这样一连几十天。韩信很受感动，便对老太太说："总有一天我一定会好好报答你的。"老太太听了很生气，说："你是男子汉大丈夫，不能自己养活自己，我看你可怜才给你饭吃，难道是希望你报答我吗？"韩信听了很惭愧，立志要做一番大事业。

　　后来，韩信投奔刘邦，立下了不少功劳，先被封为齐王，后来又改封为楚王，建都下邳（今江苏邳县东）。

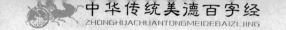

韩信到楚国后，只赏给南昌亭长100钱，说："你是个小人，做好事有始无终。"对于那位给他饭吃的"漂母"则赠予了千金，以表答谢之意。

◎故事感悟

韩信功成名就后不忘旧恩，千金致谢，体现了"滴水之恩涌泉相报"的美德，有情有义，令人赞叹。

◎史海撷英

韩信背水一战

公元前205年，韩信、张耳统兵几万欲过太行山井陉口进攻赵国。赵王与成安君陈余陈兵20万在井陉口抗击汉军。广武君李左车劝陈余截断韩信军粮道，陈余不听。韩信引兵前来，离井陉口30里驻扎下来，半夜选2000轻骑兵，人持一面红旗，从小路来到山坡上伪装隐蔽起来，告诫将士："赵军见我军出击，一定倾巢而出，你们就乘机迅速冲入赵军营地，拔掉赵国旗帜，插上汉军红旗。"韩信派一万人为先头部队，背靠河水摆开阵势，赵军果然出营迎击，韩信、张耳弃鼓旗，佯装打败，退到河边的军阵之中。赵军见状，果然倾巢而出追逐韩信、张耳。韩信自知身陷绝境，拼死作战。赵军久战不胜，退回营垒，却见营中遍是汉军红旗，大惊失色，认为汉军已经把赵王及其将领全部俘虏了，于是阵势大乱，四散奔走逃告。汉军两面夹击，大破赵军，斩杀成安君陈余，活捉了赵王歇。

◎文苑拾萃

韩淮阴侯庙

（明）袁崇焕

一饭君知报，高风振俗耳。

如何解报恩，祸为受恩始。

丈夫亦何为，功成身可死。

陵谷有变易，遑问赤松子。

所贵清白心，背面早熟揣。

若听蒯通言，身名已为累。

一死成君名，不必怨吕雉。

王烈感化盗牛人

◎君子之爱人也以德，细人之爱人也以姑息。——《礼记》

王烈（141—218年），字彦方，太原人。汉末三国时期著名贤士。少时师从陈寔，闻名遐迩。董卓作乱时避乱辽东，并多次拒绝曹操的聘请。78岁时病死于辽东。

三国时北海人王烈只是一个普通的读书人，并没有做过官，但在老百姓当中却享有很高的威望。这是因为他凡事都很公正，对人宽厚忍让，以至于人人都很信服他，以他为行事的榜样。

有一次，一个人偷了别人的一头牛，被失主捉住了。盗牛的说："我一时鬼迷心窍，偷了你的牛，今后决不再干这种事。现在，随便你怎样处罚都行，只求你不要让王烈知道了。"有人把这件事告诉了王烈，王烈立即托人赠给盗牛人一匹布。有人问王烈："一个做贼的人，很怕你知道，你反而送布给他，这是什么道理呢？"

王烈说："做了贼而不愿意让我知道，这说明他有羞耻之心。既然知道羞耻，就不难转变。我送布给他，就是为了鼓励他改过从善。"

一年以后，有一天，一位老人挑着重担，正在艰难地赶路，忽然遇见一个人，那人对这位老人说："您年纪大了，挑这样重的担子，怎么受得了呀？我来替您挑吧！"

这人帮老人挑着担子走了数十里，到了老人家门口，把担子放下，不告诉姓名就走了。

后来，还是这位老人，在赶路时丢失了一把宝剑。一位过路人发现了剑，为了避免让他人拿走，这位过路人便留下来看守，等待失主。待老人去寻剑时，发现那位守剑的人恰好就是上次替他挑担子的人。

老人十分感动，拉住他的手说："你上回替我挑担，连姓名也不肯告诉我；现在你又路不拾遗，坐等失主，你真是个仁人君子啊！这一次，你一定要把姓名告诉我才是。"那人只好把姓名告诉了老人。

老人听后，心想：地方上出了这样一位好心人，应当让王烈知道。于是，便去告诉王烈。

王烈听后很受感动，他说："惭愧啊！世上有这样好的人，我却没和他见过面。"

王烈随即设法打听，原来这好心人竟是从前的那个盗牛人。他不禁大吃一惊，十分激动地说："一个人受了感化以后，改过从善的程度真是不可限量啊！"

◎故事感悟

　　王烈做人坚持自己的道德准则，并以仁德对待他人，相信人心本善，即使犯了错误也能改过自新。他的宽容和仁义感动了曾经为盗的人，让他也成为了一个行善事的人。这样的宽容和仁义比一味的严厉惩罚不知要强多少倍。

◎史海撷英

王烈的高士之风

　　黄巾起义后，天下大乱，王烈避乱来到了辽东。他像当地百姓一样，躬耕垄亩，自食其力，着布衣，吃素食，怡然自得。在他的教化下，辽东民风日益淳朴，百姓对他也非常敬重，乡人的是非曲直、纠纷争执，也要找他裁断。只是有不少人羞于面见王烈，在去找他的途中便惭愧而返了，还有的甚至远远望见他的居舍便幡然所悟，彼此言归于好。辽东太守公孙度以大礼接待他，向他请教天下大事，

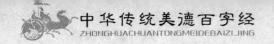

希望他能做长史，但王烈只愿做一个普通的商人，从而避免了被卷入官场的漩涡。曹操也曾想求他做官，但也没有成功。

◎文苑拾萃

圣真观刘真师院十韵

（唐）罗隐

帘下严君卜，窗间少室峰。

摄生门已尽，混迹世犹逢。

山薮师王烈，簪缨友戴颙。

鱼跳介象鲙，饭吐葛玄蜂。

紫饱垂新椹，黄轻堕小松。

尘埃金谷路，楼阁上阳钟。

野耗鸢肩寄，仙书鸟爪封。

支床龟纵老，取箭鹤何慵。

别久曾牵念，闲来肯压重。

尚余青竹在，试为剪成龙。

李大亮知恩图报

◎人之有德于我，不可忘也；吾有德于人也，不可不忘也。——《战国策》

李大亮（586—644年），唐初将领，开国功臣，陕西泾阳人。在隋末战乱中投唐高祖李渊，因功提升为金州（今陕西安康）总管府司马、安州刺史等职。唐太宗贞观年间改任交州（今越南河内）都督，贞观八年（634年）调任剑南道寻省大使。贞观十七年（643年），晋王李治被立为太子，他兼任太子右卫派率，工部尚书，负责守卫太宗和太子寝宫。贞观十八年，太宗准备东征高丽，时大亮患病，太宗前往探望。他苦谏太宗不要东征，以经营关中为重，太宗不纳。是年病卒，时年59岁。赠兵部侍郎，秦州都督，陪葬于昭陵。

李大亮是唐初名将，早年曾被李密的军队所擒。有个叫张弼的人暗中解救了他，两人从此成为生死之交。

李大亮降唐后屡建功劳，官至工部尚书。他为人宽厚，任土门令时招抚流亡贫民从业，并卖掉自己的马以资助贫民恢复农业生产。后来因平乱有功，唐太宗赏赐他一百名奴婢。李大亮对他们说："你们都是好人家的子女，不幸家破人亡，我怎么忍心让你们做奴婢呢？"于是将他们释放，遣送回家。

他更常常感念张弼的救命之恩，总想报答，于是四处打听张弼的下落。但张弼却隐藏踪迹，不肯与他见面。

有一天，两人偶然在路上碰面，李大亮紧握张弼的手，喜极而泣。他将张弼请到家中，要将家产全部赠送给他，但张弼坚决不受。李大亮无奈，上奏唐太宗说："臣所以能像今天这样侍奉陛下，全是张弼昔日救命之恩，臣愿将官爵转授给他，恳请陛下恩准。"唐太宗听罢深受感动，于是任命张弼为代州都督。

◎故事感悟

李大亮为人宽厚，以仁义为怀，对有恩于自己的张弼更是心怀感激，知恩图报。而张弼不贪图财富，淡泊高雅。二人的行为都有情有义，令人赞叹。

◎史海撷英

府兵制

中国古代兵制之一。该制度最重要的特点是兵农合一。府兵平时为耕种土地的农民，农隙训练，战时从军打仗。府兵参战武器和马匹自备，全国都有负责府兵选拔训练的折冲府。由西魏权臣宇文泰建于大统年间（535—551年），历北周、隋至唐初期而日趋完备，唐太宗时期达到鼎盛，唐玄宗天宝年间（742—755年）停废，历时约二百年。

◎文苑拾萃

出 猎

（唐）李世民

楚王云梦泽，汉帝长杨宫。

岂若因农暇，阅武出辏嵩。

三驱陈锐卒，七萃列材雄。

寒野霜氛白，平原烧火红。

雕戈夏服箭，羽骑绿沉弓。

怖兽潜幽壑，惊禽散翠空。

长烟晦落景，灌木振岩风。

所为除民瘼，非是悦林丛。

彭雪枫与哑巴战士

◎施人慎勿念，受恩慎勿忘。——萧绎

> 彭雪枫（1907—1944年），河南镇平人，1926年加入中国共产党，是中国工农红军和新四军杰出的指挥员、军事家。在土地革命时期，他已经成为红军时代闻名全军的青年将领。抗战爆发后，彭雪枫到鲁、豫、皖、苏等地发动群众，组建抗日游击队，创建抗日根据地，与日军展开游击战，壮大了抗日武装队伍。1944年，日军发动中原战役，彭雪枫奉命西征。9月11日，在河南夏邑东八里庄围歼土顽李光明的战斗中，彭雪枫不幸被流弹击中，英勇殉国，时年37岁。

　　1939年9月，新四军游击支队司令员彭雪枫到河南检查工作。一天，一个衣衫褴褛、年约30岁的哑巴到部队伙房讨饭，并竖起大拇指示意要见当官的人。

　　经过手势交流，彭雪枫明白了哑巴的来意。后来得知，哑巴姓李，家中亲人被日军飞机扔的炸弹炸死，房子也被炸毁，只剩下孤身一人。他表示自己不怕苦，能干活，是来当兵打鬼子报仇的。彭雪枫留下了李哑巴，让他到炊事班工作。哑巴明白后，跪下要给彭雪枫磕头，彭雪枫一把把他拉起来，并嘱咐他要好好工作。

　　1941年8月的一天，彭雪枫到伙房视察，见其他炊事人员在一起乘凉闲聊，唯有李哑巴在忙着烧火，浑身是汗，满脸是灰。彭雪枫当即批评了炊事班人员，教导他们要关心残疾人，更不能因为他不能讲话就叫他干些又脏又累的活。李哑巴感动得热泪盈眶。

当年10月，李哑巴被调到司令部饲养班，给首长们喂马。他心里很感激，吃住都在马棚里，铡草、放马、清扫马棚，每样工作都干得很认真，还学会了打马掌、切马蹄等活计。他时常在战友中竖起大拇指，拍拍胸口，表示彭将军对他很好。

1944年，彭雪枫率部队西征，李哑巴当时没有去，但心里非常牵挂，常以手势向战友们询问。战友们也竖起拇指，并手指西方，意为彭师长去打仗了。不幸的是，这年8月，彭雪枫在战斗中牺牲，以身殉国，李哑巴得知后，顿足捶胸，痛哭不止。

抗日战争胜利后，李哑巴被部队精简下来。他没有回河南老家，而是住在了彭雪枫墓园的一间草棚里，做了彭雪枫墓地的义务看守人。

1946年11月，蒋军进占淮北，拉倒了彭雪枫陵园里的塑像，用机枪扫坏了纪念塔塔身和纪念碑，并丧心病狂地扒开彭雪枫墓，劈棺抛骨。淮北乡亲无比愤怒，暗暗流泪。

在国民党军实施罪恶行径后不久的一个晚上，李哑巴身带蒲包，潜进陵园彭雪枫墓处，将敌人抛撒的彭雪枫遗骨一块一块地捡入蒲包内，并趟水到墓穴里，摸找水中的遗骨。捡完后，他又连夜将彭雪枫的遗骨交给在当地坚持斗争的游击大队，共同将彭雪枫将军的遗骨装入一个坛子里封好，重新掩埋。

第二天，敌人发现彭雪枫的遗骨不见了，极为恼怒，又发现李哑巴也不知去向，就判定是李哑巴所为。待李哑巴回来后，敌人马上将其逮捕，严刑逼供并游街示众，但李哑巴始终高昂着头。敌人无计可施，便将其押至城南门外，连开数十枪，将其杀害。

◎故事感悟

一个再普通不过的哑巴战士，能舍弃生命保护将军的遗骨，并不是有多高的觉悟，只是因为他深深记得将军对自己的好，对将军心存一份感激和敬重之情。官兵一致、团结友爱正是人民军队区别于一切旧军队的特点。

◎史海撷英

新四军游击支队东进抗日第一战

1938年9月，根据毛泽东主席电令和周恩来、叶剑英的指示精神，中共河南省委在竹沟组建了370多人的新四军游击支队，9月30日从竹沟出发挺进豫东。10月11日在西华县杜岗与豫东抗日游击第三支队先遣大队会师，整编为新四军游击支队，彭雪枫任司令员兼政委，吴芝甫任副司令员，张震任参谋长，肖望东任政治部主任，24日东渡新黄河，跨越淮太路，26日行至距淮阳城东北约20千米的窦楼村附近宿营。次日晨，部队突然遭到日军偷袭，司令员彭雪枫当机立断，迎战敌人。战斗中，参谋长张震手持机枪率部队正面反击，彭司令随三大队七中队由马莱园东南向敌左侧突击，经过两个小时的激战，毙敌酋林津少尉以下十余人。此战，参谋长张震、参谋程朝先、排长姚克等五人光荣负伤，排长严履泰为国捐躯。

新四军游击支队首战告捷，打击了日伪嚣张气焰，提高了部队的士气，揭开了豫东人民抗日武装斗争的序幕。

◎文苑拾萃

祈 祷

闻一多

请告诉我谁是中国人，
启示我，如何把记忆抱紧;
请告诉我这民族的伟大，
轻轻的告诉我，不要喧哗!

请告诉我谁是中国人，
谁的心里有尧舜的心，

谁的血是荆轲聂政的血，
谁是神农黄帝的遗孽。

告诉我那智慧来得离奇，
说是河马献来的馈礼；
还告诉我这歌声的节奏，
原是九苞凤凰的传授。

请告诉我戈壁的沉默，
和五岳的庄严？又告诉我
泰山的石霤还滴着忍耐，
大江黄河又流着和谐？

再告诉我，那一滴清泪
是孔子吊唁死麟的伤悲？
那狂笑也得告诉我才好，——
庄周，淳于髡，东方朔的笑。

请告诉我谁是中国人，
启示我，如何把记忆抱紧；
请告诉我这民族的伟大，
轻轻的告诉我，不要喧哗！

沂蒙山下鱼水情

◎军民团结如一人，试看天下谁能敌。——毛泽东

> 唐和恩（1911—1992年），山东省莱阳市人，中共党员。1947年加入中国共产党。1948年淮海战役打响后，带头报名参加了支前小车运输队，先后支援了济南战役、徐东战役和淮海战役，胜利完成物资运送任务。淮海战役胜利后，唐和恩被授予"华东支前英雄"的称号，他带领的运输队也被评为"华东支前模范队"。1951年至1973年，任莱阳县西陡山村生产大队队长和党支部书记。1992年病逝。

山东沂蒙山区是抗日战争中中国共产党开辟的老根据地。沂蒙山区的群众基础好，人民党悟高。八年奋战，党的军队和当地人民结成了生死不渝的情谊。

解放战争时期，人民解放军在党的领导下为了祖国和人民浴血奋战，不怕流血牺牲，并且纪律严明，不拿群众一针一线，热情地为群众服务，赢得了群众的衷心拥护。

炉中火，放红光，
我为亲人熬鸡汤。
续一把蒙山柴炉火更旺，
添一瓢沂河水情深意长……

《沂蒙颂》中这熟悉的歌声使我们仿佛回到了几十年前的战争中，广大群

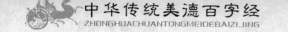

众也动员起来，成立了支援前线的队伍，掀起了热火朝天的支前运动。"前方需要什么就支援什么，解放军打到哪里就支援到哪里"，成为响彻后方的口号。

在辽阔的平原大地上，人欢马叫，车轮滚滚，展现出一幅波澜壮阔的人民支援战争的宏伟画卷。

大车队、小车队、担架队滚滚涌向前线，泗水县运输团三天就运粮5万多公斤。大家运军粮、做军鞋、缝军衣，争先恐后，鲁中南区妇女几天内就赶制出了军鞋100万双。父送子、妻送夫、兄弟争相参军的场面感人，解放军的后备兵力源源不断。

苏集儿童团在村里的动员大会上，抢先要下了2500公斤的碾米任务。老槐树下，儿童团长苏华敬大声问："2500公斤的任务，能不能完成？""保证完成任务！"20多个团员把小手勾在一起齐声回答。

大雪飘来，团员们纷纷把自家的蓑衣拿来，不披在自己的身上，却盖在了碾子上，原来是为了不把谷子弄潮。人多碾子少，只好规定每两个人只能推100圈，以免发生争执。一些小团员冻病了，有人提出烧点米汤喝喝，大家立刻说："不行。解放军打仗流血，这米是给他们吃的，我们一粒也不能动。"

碾好米要往粮站送，一袋米近50公斤重，大人扛都很吃力，奶奶、妈妈心疼孩子，要帮他们扛，他们硬是不让。团长苏华敬扛起一个米袋子，一步一颠地往前走，不小心摔倒在地，他的手仍紧紧抓住袋子口，没撒一粒米。"团长，你的嘴上怎么会有血呀？"一个小伙伴忽然喊起来，苏华敬用舌头一舔才知道，原来是两颗牙被碰掉了。大家都让他休息，他却说："解放军身上穿个窟窿还向前冲锋，我这点小伤算什么！"扛起米袋子又向前奔去，嘴里还唱着歌谣："宁愿多流汗，不能站一站，宁愿多流血，不能歇一歇。"

经过11天的忙碌，苏集儿童团共碾米4750公斤，超额完成了任务。

唐和恩的小车队是莱东县模范小车队。与众不同的是，唐和恩的小车上比别人多了一根小竹竿。这根小竹竿，平时用来当拐杖，闲时他在上面刻名字。什么名字？小车队运粮经过的地名。他说，等解放了，把它留给后代作个纪念。

一次，小车在行进途中被一条河挡住了去路。如果绕道走就要耽误时间。这可怎么办？此时，北风呼呼，满天飘雪，河面上结了一层薄冰。"涉水过河！"唐和恩果断地说，接着带头脱去棉衣，扛起一包粮食跳进河水。在他的带动下，队员们纷纷跟来，扛粮的扛粮，抬车的抬车。河水冰冷刺骨，队员们无一叫苦，终于把粮食运过了河。

由于长途跋涉，许多队员的脚上起了血泡，所以，大家走起路来都要咬着牙。晚上，唐和恩悄悄把自己的裤子撕了，出发前他把布块分给大家，说："用布包包脚，会好一些。"队员们裹上带着队长体温的布，继续前进了。

唐和恩带着他的小车队走遍了淮海战场，小竹竿上一共刻下了88个地名，行程4000多千米，出色地完成了支前任务。

在孟良崮战役中，有一位战士不幸受伤，由于流血过多，晕倒在野外。一位挖野菜的年轻大嫂正好经过这里，她发现了受伤的战士，十分着急。"子弟兵受了伤，一定要把他救活！"大嫂暗暗地想。

要救活战士，最急迫的就是弄到水给他喝。荒郊野外，到哪里去找水呢？回村子里取水吧，路很远，拖长了时间又会被敌人发现。怎么办？在这种紧急的情况下，这位年轻淳朴的大嫂解开衣襟，挤出自己的奶水，用奶水救活了受伤的战士。

战士得救后，由衷地感激这位高尚无私的伟大母亲。人们用"红嫂"称呼这位"伟大的母亲"，以表示尊敬。

这件事已经过去60多年了，但"红嫂"的形象依然那么高大，她的影响依然那么深远。后来，她的事迹写成了小说《红嫂》，在读者中传看；同时，改编成了芭蕾舞剧《红嫂》，并在舞台上演出。

"红嫂"的故事永远拨动着人们的心弦。

◎故事感悟

中国共产党是无产阶级的政党，是为着解放人民而奋斗的；党领导下的军队是人民的子弟兵，是为着人民大众的美好明天而浴血奋战的。军爱民，民拥军，得到了人民群众的热烈拥护，所以我党、我军才能从小到大、从弱到强，从胜利走向胜利。

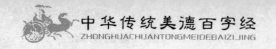
◎史海撷英

沂蒙山历史沿革

沂蒙山并不是单指某一座山，一直以来人们对沂蒙山区有一个错误的认识，认为沂蒙山区都是以蒙山和沂山的总称，其实它是指以沂河（山东第一大河）流域和蒙山山系所经地区的总称。蒙山山系大部分在今临沂市境内。沂山山系大半部分在潍坊市境内。沂山古称"海岳"，有"东泰山"之称，居中国五大镇山之首。素享"泰山为五岳之尊，沂山为五镇之首"的盛名。主峰玉皇顶海拔1032米，被誉为"鲁中仙山"。

沂山是一座历史悠久的文化名山。《史记》载，黄帝曾登封沂山。舜肇州封山，定沂山为重镇。汉武帝亲临至其下，令礼官祀之。隋、唐、宋、元、明、清历代屡有增封，祀典不废。历代大家名士倾慕沂山，接踵而至。李白、郦道元、欧阳修、范仲淹、苏轼、苏辙，以及明状元马愉、赵秉忠，清朝体仁阁大学士刘墉等均至此览胜，留下了大量诗章名句和碑碣铭文。

蒙山，自古就是历史文化名山。两千余年来，一直为文人骚客、帝王将相所瞩目。蒙山悠久的历史和深厚的文化底蕴令世人瞩目。我国最早的区域地理著作《书·禹贡》称："蒙羽其艺。"认为早在夏朝时期，蒙山、羽山带就已种植作物。新中国成立以来，蒙山麓区先后发现的几十处大汶口文化、山东龙山文化、岳石文化遗址，对此作出了印证。西周时，成王封颛臾于蒙山之阳，主祀蒙山，说明当时蒙山已跻身于我国名山之列。春秋时期，鲁大夫莫斯的颂诗《閟宫》写道："泰山岩岩，鲁邦所瞻，奄有龟蒙，遂荒大东。"他把拥有泰山和龟蒙，视作鲁国的荣耀。

◎文苑拾萃

一根竹竿行万里

唐和恩

一根竹竿行万里，省县村镇刻分明。

胜利回来留纪念，传给后代好革命。

郑承镇老人和他的孩子们

◎助人为快乐之本。——格言

> 郑承镇，（1947—），山东省济南市天桥区北坦社区居民。为了"孩子们走上正道"，他多年来默默奉献，给予流浪儿温暖。从1987年到现在，被他捡回来的孩子已经有四百多个。大部分孩子被送回了家，那些无家可归的孩子还与他生活在一起。为了孩子，已经单身半辈子的郑承镇还舍弃了成家的机会。郑承镇被评为山东省保护未成年人工作先进个人。

　　2007年已经60岁的郑承镇一直没有结婚，没有固定工作，然而20年来，他不顾生活的艰辛，先后收养了400多名离家出走的流浪儿童和孤儿。他的爱心不但教育了他收养的孩子，也感染了他周围的许多人，由此而演绎了一个爱心传递的故事。

　　1987年夏天，一个偶然的机会，郑承镇在火车站广场碰到一个从学校跑出来的孩子，他当时没想到要救助孩子，就是想给自己找个伴。

　　出于怜悯，郑承镇把这个流浪的孩子领回了家。听着孩子对他的倾诉，郑承镇的心似乎找到了寄托。后来这个孩子给家里写了封信，郑承镇就带着这封信，找到了孩子的家。

　　孩子家人的泪水，他们的尊重和感激，使郑承镇的心灵受到了极大的震撼。使郑承镇对流浪儿童的遭遇有了很大的同情。

　　从那时候起，郑承镇就把救助流浪儿童当成生命中最重要的事情，每天没事时就到火车站门前的广场上去"捡孩子"，生怕有孩子为生活所迫而学坏。从1987年至2007年，郑承镇大部分时间靠拣废品为生，但不管生活多么艰辛，他把所有的时间、精力和那点儿微薄的收入全都用在了孩子身上，始终坚持收养流浪儿童和孤儿。

郑承镇救助的孩子越来越多，周围的人最初并不理解。但是时间长了，人们都被他的爱心所感动，更多的人开始伸出手来，帮助郑承镇和孩子们。附近一家煤店的王经理说，做好事，做上一件两件、一年两年还好说，郑师傅他做得时间太长了，这事让人感动。每年的冬天，王经理都免费给他们提供两吨煤，还给他们装了个大炉子，用来给家里烧暖气。在严寒的冬日里，身处破旧平房里的郑承镇和孩子们体会到了人间的温情，感受到了春天般的温暖。

附近派出所的民警，也挂念着郑承镇收养的这些孩子，经常到郑承镇的家里来看看，给孩子们讲解法律知识，让孩子健康成长。

"老郑收留的这些孩子，单亲家庭的比较多，孩子也比较孤僻，家里不愿管了，就跑出来了。这些孩子，如果郑大爷不把他们收养了，肯定会给社会造成一些麻烦。到过年过节，我们过去看看，一方面给些经济上的帮助，再一方面给予法律方面的援助，定期给他们上法制课，教这些孩子知道怎么做人。"

从2002年前开始，济南市民政部门每月都特批给郑承镇两千元钱的最低生活保障金，解除了老郑经济方面的后顾之忧；老郑为孩子们联系入学的学校，附近的学校都不约而同地表示，可以免去孩子的学杂费用。

郑承镇收养的一名孩子王振来到了市制锦小学，班主任韩老师说："学校的老师们有些衣服什么的，就想着给王振他们几个人穿。王振刚来的时候成绩稍微有点落后，班里就做好分工，轮流为他辅导功课。"说起这些，王振心里就十分激动。

韩老师惊喜地发现，不需要更多的鼓励与渲染，孩子们都静静地付出了自己的行动，爱心也在他们中间默默传递。在学校向贫困山区的孩子们献爱心的活动中，班主任韩老师意外发现，王振也拿出了自己最心爱的一本书捐了出去，东西虽不多，但社会的爱心却深深植入了孩子的心田。

韩老师说，郑承镇老人就是一本活教材，这些孩子在他那里学会了怎么做人。而所有这些，都让郑承镇感到发自内心的快乐，对于郑承镇来说，最大的快乐就是看到孩子们一点一滴地进步，看到他们长大成人。他相信，有这么多人付出爱心，有这么多人传递爱心，他的愿望一定能够实现。

◎故事感悟

郑承镇老人20年如一日收养流浪儿童，只是为了不让他们走上邪路，让他们感受到人间的温暖。为了这些"捡来"的孩子们，他辛苦操劳，费尽了心血。他的善举也感动了身边的很多人，更多的人接过了爱心接力棒，将这一份关爱之心传递了下去。只要人人都献出一点爱，世界将变成美好的人间。

◎史海撷英

历史名城济南

济南市地处山东省中西部，黄河南岸。济南市春秋战国时期属齐地。秦朝时属齐郡。西汉时期置济南郡。宋明时期改设济南府。民国时废府改为历城县。1930年设济南市，因其地处济河南岸，故名。黄河即今大青河，原为济水故道。

济面市现今为山东省省会所在地，是全省政治、经济、文化中心。东临淄博市，西接聊城市，南与泰安市毗连，北与惠民、德州地区接壤。面积7795平方千米。人口近600万。民族有汉、回、满、蒙古、苗等。

◎文苑拾萃

大明湖

大明湖是济南市的旅游胜地，有"一城山水半城湖"之誉。

大明湖地处济南市旧城北部。由珍珠泉、芙蓉泉、王府池等多处泉水汇成。

湖面 46.5 公顷，出小清河流入渤海。

大明湖景色绝佳。一湖烟水，绿树掩映，浓荫蔽日，碧波间荷花摇曳，景色怡人、悦目。沿湖亭台楼阁，水榭长廊，参差有致，碧波倒影，花红柳绿，极是休闲佳处。

大明湖畔还有历下亭、铁公祠、小沧浪、辛弃疾纪念祠等名胜古迹。显示了大明湖不同凡响的文化底蕴。

自发救灾的"唐山十三义士"

◎若知四海皆兄弟，何处相逢非故人。——陈刚中

> 唐山十三义士，均为河北省唐山市玉田县东八里铺村二组农民，他们是：宋志永、杨国明、杨东、王加祥、王得良、宋志先、王宝国、王宝中、曹秀军、尹福、宋久富、杨国平、王金龙，均为男性，年龄最大的六十二岁、最小的十九岁。

2008年初，特大雪灾袭击了华南地区，这是场历史罕见的雪灾，又叫"雨冰"。高压电线上冻上了厚厚的一层冰，有的地方高高的输电铁塔被压塌了，南方大部分地区停电、停水，火车停运，旅客滞留车上有的长达6天之久。特别是湖南，灾害尤为严重。

湖南郴州成了一座冰雪中的孤城。听到这个消息，没有上级号召，也没有组织要求，河北省唐山市的13位农民，自己准备了工具，除夕那天，租了辆中巴车出发，顶风冒雪来到湖南参与救灾。

他们于初二上午赶到郴州电力抢险指挥部，成了湖南电力安装工程公司的一支编外"搬运队"，每天起早贪黑、踏雪履冰为抢修工地扛器材、搬材料、抬电杆，奋斗了整整16天。

领头的宋志先说："我们在来这之前，根本没想到会有这么多的记者来采访我们。以前唐山大地震的时候，要不是全国各地人民伸出援手，我们不可能那么顺利地渡过难关。这个情我们一直记在心里。所以听说毛主席故乡遭了大灾，我们就来了，没别的想法，只是想用自己的双手为灾区人民做点什么。"

王金龙说:"虽然说唐山大地震的时候我还没出生,但从小父母亲就念叨,那会儿国家特别照顾咱的,各地人民都赶过来帮忙了。这回湖南有灾了,我们也得用自己的行动回报社会,回报祖国。"

他们用朴实的语言讲述了这16天里不寻常的经历:

"初一下午到了长沙,我们找到救灾指挥部一问,一位处长说长沙已经没有灾情了,好心让我们回去。我们心想不是吧,问别人哪里灾情最重,就这样在初二到了郴州。

"到郴州后我打了个车到电业局,想问哪里要架线,正好碰到开会。我混在后面,听到一位肖总(音)说郴州现在参加救灾的有一百多名官兵,但一线还缺一到两千人,我一听,有戏。

"会开完我直接到会议桌边,我说肖总,你说缺人,我们13个人从唐山过来不计报酬,只想实实在在出把力。肖总很惊讶,然后说:'行!'就安排了我们。

"我们最开始住在一个小旅馆,那时候还没有电。平时负责运输,调配材料,清理高压线之类。和解放军战士一起,每天身上都是雪啊泥啊,膝盖以下全是湿的,袜子能拧出水来开始都累傻了,每天澡都不敢洗。但是得咬着牙干,害怕别人看笑话。我们去不一定能干多少天,能干一天就干好了,要不然不如回家。前前后后,我们也算跑了20来个工地,大小铁塔也搭了七八个。到后来,我们成了一个游击队、先锋队,哪里困难、棘手,我们就去哪里……"

在工作了16天之后,这13位农民兄弟离郴返乡。他们根本不知道:来时一路冰雪风尘,走时已闻名天下。他们被称为"唐山十三义士",他们的事迹被广为传诵。许多郴州市民在得知这他们要走的消息后,自发赶来为他们送行。鲜花、鸡蛋和震天的锣鼓,老人、小孩和路过的市民,没有谁刻意去组织,也没有谁刻意去号召,远近几条街的市民纷纷涌向他们所住的郴州市电力宾馆门前,欢送这些来郴州帮助抗冰救灾的唐山义士。

"太感人了！看到媒体报道他们的事迹后，我掉下了眼泪。13位农民兄弟以他们朴素的感恩情怀折射出了中华民族的传统美德。他们不为名不为利，千里迢迢从那么远的地方来到我们郴州，没有理由不激励和感动我们，祝福他们一路平安！"送别时，郴州市民杨远习紧紧抱着"13义士"中的王得良，说着说着眼睛就红了。

同年5月12日，四川汶川又发生了特大地震，消息传出，举国震惊。

宋志永和他的十几位兄弟商量后，几经辗转又来到灾情最重的北川县城，成为最早进入北川的志愿者队伍之一。他们用最原始的方法——铁锤砸、钢钎撬、徒手刨，不断寻找着幸存者。只要哪里需要，他们就到哪里。他们与解放军、武警战士一起，抢救出25名幸存者，刨出近60名遇难者遗体。

唐山十三义士一直奋战到抗震救灾抢救工作基本结束，才启程回家。

◎故事感悟

天灾无情人有情，无论是30多年前的唐山抗震救灾，还是刚刚过去的南方抗击冰雪、四川抗震救灾，都显示了中华儿女以天下为己任、团结一致、众志成城的优良品德。这十几位唐山的农民兄弟，以一片赤诚之心回报祖国人民对唐山的援助。他们的行为，已远远超出了报恩的范围，祖国和人民永远不会忘记他们。

◎史海撷英

唐山抗震救灾

1976年7月28日3点42分唐山发生了7.8级地震。震区24万人罹难，16万人重伤，7000多个家庭断门绝烟，百年工业城市瞬间被夷为废墟。地震灾害之剧、损失之重，震惊中外。面对这样巨大的灾难，唐山人民在党中央、国务院和河北省委、省政府的坚强领导下，在全国军民的无私支援下，奋起自救、前仆后继，发奋图强、艰苦奋斗，用自己的英勇行为，谱写了一曲感天动地的人间壮歌。

◎文苑拾萃

2008年度感动中国人物评选组委会授予"唐山十三义士"的颁奖词

"不是归途，是千里奔波，雪中送炭；不是邻里，是素不相识，出手相援。他们用纯朴、善良和倔强的行动，告诉了我们'兄弟'的含义。"

感动中国推选委员刘姝威说：

"一方有难，八方支援。正是他们及无数个他们这样的人，在2008年撑起了中国的脊梁。"

感动中国推选委员王振耀说：

"在国家的巨大灾难面前，他们以无声有力的行动，宣告了民间志愿救灾时代的来临。"

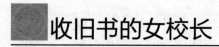

收旧书的女校长

◎送人玫瑰，手留余香。——格言

> 李灵（1982—），2002年从淮阳师范学校毕业，办起了周口市淮阳县许湾乡程寺希望小学。2010年2月11日，被评为中央电视台2009年感动中国人物之一。

乡村民办小学办学条件很简陋，校舍操场都可以因陋就简，但是学校图书室没有书是不行的。尤其是在教学过程中，仅靠课本上所有的知识已经不能满足孩子们的求知欲望了。而教学辅导书可以弥补课本的不足。可是中国的城乡差别还很大，农村孩子买书还是有相当多的困难。为了解决这个问题，李灵校长决定利用假日去城里收旧书。

中国出版业曾兴起过一阵子"教辅热"，教学辅导书铺天盖地，但这些书基本上没有保留价值，孩子用过后就废置了。有不少家庭就把这些书当废纸卖了。这就给了李灵一个收购旧书的机会。

李灵收旧书也不是一帆风顺，风吹日晒，忍饥挨饿不说，人们把收旧书的同收废品的是等量齐观的，统称"收破烂的"，因此，收旧书就难免遭白眼、遭冷遇。这一切都没能使她放弃，她用自己的行动迎来了市民更多的敬重。许多好心人开始热心地帮助她。

一天上午，郑州市西郊华瑞紫光园小区物业的工作人员一直在小区帮李灵招揽生意。"谁家小朋友不用的图书、教辅练习册拿来卖呀，这里出高价……"物业工作人员袁菊勤不停地向过往的居民做着工作。

"收废品的价钱是四毛,这里多给一倍。8毛,行不?"见有人打听,热心人忙上前解释。

李灵就站在一辆三轮车旁边,不停地将车上的图书分类,车前后分别挂有用硬纸板做成的招牌,上面粘贴着一张"高价收购图书"的白纸。

一位市民提来一摞孩子不用的教学辅导书,李灵将书放在一个纸提袋里,随后,很麻利地拿出一杆秤。"5斤6两,赶个整,算6斤,给您5块钱吧。"李灵边掏钱边解释,这杆秤不太够秤,一般她都在算总账时多算些,担心人们吃亏。

"见过很多收废品的,没见过这么实在的!姑娘你到底做的是什么生意呀?"卖书的老师傅被李灵这一举动搞糊涂了,那只伸过去接钱的右手突然间收了回来。

这时,热心人忙上前解释,姑娘来自淮阳农村,自己办一所小学,学生家里都很穷,没钱买课外读物,她就利用假期来郑州收这些图书,回去建个阅览室,让孩子们看个够……

还没等她解释完,老师傅摆着手不让说了:"早知道就不费这周折了,不要钱了,给孩子们吧!"老师傅走了,来时热得直皱眉头,走时一脸笑容。

其实,李灵高价回收图书这事,许多热心人都是从网上得知的,这事还得感谢一个热心的网友。网友在自己的网络空间里讲述了发现李灵收书的这件事。

一天中午下班回家吃饭时,这个网友看到小区门口一位推三轮车收购废品的女孩,年龄约二十七八岁,衣着朴素,一看就是农村过来的。吸引他的不仅仅是这位女孩的漂亮,和别人不同的是,她只收购小学教辅之类的书,价格也比一般收废品的要高。

当时,他想起家里孩子不用的旧课本、课外书,打算下午趁机找出来卖掉。回家后,这个网友给老婆说起这事,老婆说已经把家里的旧书送给她了。

接下来老婆的一番话，让他说不出是感动还是难过："这个女孩子是个农村小学的校长，好像是周口淮阳某个村子里的小学，村里比较穷，为省钱，这些孩子好多都不买教辅，这个女孩觉得这样下去不是办法，正好趁放麦假（农村农忙时学校会放假）的时候来郑州收点旧的教辅、课外书回去给孩子们看。"

随后，感动之余，这个网友也想为这位校长做点什么？于是他就在自己的网络空间内写下这段话："我也来自农村，深知农村穷困教育条件下孩子们的不易。感动之余，我特意用手机拍下这位收旧书的女孩——农村小学校长的照片，发到网上，希望每一个曾经有过这种经历的人可以稍稍尽一点力量。"

……

"阿姨，我这些书也送给你……"一位孩子很努力地将一摞书递给李灵。

"乖乖，别走，我给你钱！"小孩子叫朱叙龙，十岁，秦岭路小学四年级的学生，他跑着回家了，一路上留下了这句话：这是我捐的，不要钱。

孩子走后，留下的是感动。李灵随手从三轮车上的一个纸袋里掏出一个笔记本，写下了朱叙龙小朋友所住的楼号和房间号码。

"我不会忘记他，还有更多的好心人，回去后，我把这些故事讲给孩子们听，有机会我会报答他们。"李灵的笔记本记了好多人名。

这次出来，李灵带了100多元钱，已经收了两麻袋，却只花了100多元。李灵解释，除自己高价从收废品者手中买来的，大部分都是好心人免费送来的。

"我不但有物质上的收获，更多的是来自精神上的，这是我来郑州后最大的感受。"李灵说，她将把这些感受带回老家，传给那些老师和孩子们。

◎故事感悟

爱心和善良是人类高贵的品德。李老师令人感动的不仅仅是传道、授业、解惑，她的一腔热情不光感动了她的学生，也深深打动了社会上的每一个人。只要人人都献出一点爱，李老师的学校会更好，我们的社会也会更美好。

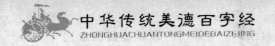

2009年度感动中国人物评选组委会授予李灵的颁奖辞：

"一切从零开始，从乡村开始，从识字和算术开始。别人离开的时候，她留下来；别人收获的时候，她还在耕作。她挑着孩子沉甸甸的梦想，她在春天播下希望的种子。她是八零后。"

感动中国推选委员会委员刘姝威这样评价她：

"身旁是三百多名不同年龄阶段的孩子，背后是那些在外打工父母们心中的挂念与寄托，这位乡村女教师赢得了众人的尊敬。"